Alles Rassismus?

Levent Tezcan

# ALLES RASSISMUS?

## Ressentiment in der Einwanderungsgesellschaft

Konstanz University Press

Bibliografische Information der Deutschen Nationalbibliothek

Die Deutsche Nationalbibliothek verzeichnet diese Publikation in der Deutschen Nationalbibliografie; detaillierte bibliografische Daten sind im Internet über http://dnb.d-nb.de abrufbar.


www.k-up.de | www.wallstein-verlag.de
Konstanz University Press ist ein Imprint der Wallstein Verlag GmbH

Vom Verlag gesetzt aus der Chaparral Pro
Umschlaggestaltung: Eddy Decembrino
Druck und Verarbeitung: Hubert & Co, Göttingen
ISBN 978-3-8353-9175-8

# Inhalt

## Einleitung

Es ist eine fröhliche Runde, die in der WDR-Sendung *Wie redest du?!* versammelt ist. Seit 2021 wird sie vom Stand-up Comedian Khalid Bounouar moderiert und es ist vor allem ein Thema, das die Sendung umtreibt: wie »Sprache und das Vokabular dazu beitragen, dass Rassismus in der Gesellschaft verwurzelt ist«.[1] Die Auswahl der Teilnehmer ist keineswegs zufällig. Sie verkörpert und verwirklicht schon rein äußerlich das Programm: eine schwarze Frau, deren Vater aus Ghana eingewandert ist, kommt aus Bonn, eine andere aus Ägypten oder aus Berlin – je nachdem wer fragt. Sie sticht mit ihrem Kopftuch hervor. Bereits diese Aussage läuft Gefahr, sie als die »andere« zu markieren, als Muslima, oder sie allein auf ihr Kopftuch zu reduzieren. Der Hinweis lässt sich aber nicht vermeiden, denn im Paradigma der Diversität geht es ja gerade darum, den bislang Unsichtbaren der Gesellschaft zur Sichtbarkeit zu verhelfen. Sie verkörpert also die »Muslima mit Kopftuch«. Der Mann, der zur Volksgruppe der Roma gehört, und schließlich der Moderator, dessen Eltern aus Marokko und Algerien kommen, vervollständigen das Bild. Die Zusammensetzung der Runde ist bereits das Ergebnis einer Wandlung an Sichtbarkeiten und Sensibilitäten, die sich inzwischen auch in den öffentlichen Einrichtungen beobachten lässt.

Abgesehen von der Tatsache, dass alle Beteiligten der WDR-Sendung im Kulturbetrieb unterwegs sind, verbindet sie noch etwas anderes. Sie sind nicht »weiß«. »Nichtweiße«, ob direkt schwarz oder POC, definiert eine ge-

1 Siehe hierzu: https://www1.wdr.de/unterhaltung/show-und-talk/wie-redest-du-folge-eins-100.html.

meinsame Erfahrungsgrundlage: »rassistische Diskriminierung«. »Nichtweiß« verweist auf Vulnerabilität. Die auf Hautfarbe referierende »Weiße/Nichtweiße«-Unterscheidung soll daher nicht bloß eine phänotypische Differenz markieren, sondern zugleich die Matrix für eine »strukturell angelegte, rassistische Diskriminierung« abgeben. Die soziale Existenz der »Nichtweißen« wird von ihrer Vulnerabilität her expliziert, im Zirkelschluss wird diese dann damit begründet, dass wir in einer rassistisch strukturierten Gesellschaft leben.

*Wie redest du?!* führt auf exemplarische Weise vor Augen, wie in westlichen Demokratien etablierte Repräsentationsmodelle, Ordnungskonzepte und Subjektivitäten durch Diversitätsansätze radikalisiert und in Frage gestellt werden. Was zuvor als universalistisch vorgestellt war, wird nun als Partikularismus überführt; die bisher normgebende, jedoch unmarkierte Seite wird ans Licht gebracht, die hegemoniale Machtordnung problematisiert. Im Gegenzug melden sich Lebensformen und Identitäten als »anders« markiert mit ihren bisher nicht erzählten Geschichten zu Wort und fordern ihren Platz in den Repräsentationsordnungen ein. So jedenfalls lautet das neue Narrativ. Aus der unaufhörlichen Dynamik der Dekonstruktion hervorgegangen, gibt es paradoxerweise den Rahmen für neuere Identitätsbehauptungen mit Repräsentationsansprüchen vor.

War früher die Stimme für die Repräsentation entscheidend, kommt es jetzt auf das Gesicht an. Es reicht nicht mehr für eine gerechte Repräsentation, dass ich meine Stimme einem Vertreter gebe oder im Namen anderer spreche, deren Stimme zu sein ich verspreche – wie es noch für die bürgerliche Demokratie, aber auch für die Klassenkämpfe galt. Die brennende Frage lautet nunmehr, welchem Gesicht die Stimme gehört, die da sprechen darf. Dieses neue Repräsentationsmodell stellt die Realität und Effektivität des bisherigen Anspruchs auf demokratische Stellvertretung und Fürsprache in Frage. Jede universal begründete Sprecherposition wird jetzt auf ihren unhintergehbaren Partikularismus hin bloßgelegt. Ob damit aber nicht zugleich jeglichem Anspruch auf Universalität der Boden entzogen wird, bleibt eine wichtige Frage, über die es sich nachzudenken lohnt.

Ohne die Verkörperung, ohne die körperliche Präsenz, ohne die Sichtbarkeit der markierten Körper, deren Zusammenstellung anhand der sich weiter diversifizierenden Diversitätskategorien erfolgt, ist keine gerechte Repräsentation mehr möglich. Damit Gerechtigkeit herrscht, müssen möglichst alle Gesichter auf dem Selfie der Gesellschaft sichtbar sein. Ob die an bestimmte Diversitätsmerkmale geknüpfte Repräsentationsforderung tatsächlich zum dominanten Modell geworden ist oder zunächst einmal eher unterhalb der politischen Repräsentation, also bei Stellenbesetzungen in Verwaltung, Kunst/Film, bei den Werbebildern der Deutschen Bahn, bei der Verteilung von Redeanteilen und der Bestimmung der Übersetzer eines Gedichtes zur Geltung kommt, ist erst einmal nicht entscheidend. Auch die Frage, ob ältere Damen bei der Bundesgartenschau fremde Länder repräsentieren, mit Sombrero auftreten und Pharaonen nachahmen dürfen, soll erst einmal nicht weiter diskutiert werden. Das geschieht längst anderswo. Gerade solche Diskussionen sind aber nicht bloß skurrile Auswüchse eines ansonsten ungleich seriöseren Repräsentationsverständnisses. Sie sind ebenso symptomatisch wie die Sendung *Wie redest du?!* Und festzuhalten ist, dass der Rassismus eine immer wichtigere Rolle in diesen Diskussionen spielt.

Genau diese Rolle steht im Zentrum der folgenden Überlegungen. Sie befassen sich mit der wachsenden Bedeutung der Rassismuskritik in einer zunehmend sensibel auf Diversitätsangelegenheiten reagierenden Gesellschaft: Rassistische Strukturen und Praktiken, die bisher wie selbstverständlich gegolten haben sollen, werden nun offengelegt. Aber wird der Rassismusvorwurf dabei nicht so inflationär gebraucht, dass das Phänomen konturlos zu werden, die Kritik ihre Wirkung zu verlieren droht? Das ist die Spannungslinie, die die gegenwärtige Lage bestimmt.

Um sie genauer analysieren zu können, empfiehlt es sich, nicht bloß die Rassismuskritik in allgemeiner Form zum Thema zu machen, sondern sie in den Zusammenhang einer Verschiebung in der Affektökonomie westlicher Gesellschaften zu stellen. In dieser werden gegenwärtig die Verhältnisse von Stärke und Schwäche in Diversitätsdiskursen umgewertet. Nimmt man diese genauer in den Blick, so lassen sich auch einige konkrete Vorschläge zu den aktuellen Debatten über die Migrationsgesellschaft machen.

Das große Stichwort ist dabei die Vulnerabilität. Forderungen nach Gerechtigkeit werden durch die Referenz auf Vulnerabilität legitimiert, Kritik an Missständen im Namen der Vulnerablen geübt und Institutionen für die Bekämpfung der Vulnerabilität geschaffen. Vulnerabilität, kurzgeschlossen mit der Frage nach Sichtbarkeit, avanciert zur Leitwährung einer Politik der Gerechtigkeit, wird dadurch zum Referenzpunkt für Subjektivitäten und ihre Wahrnehmung. Sichtbarkeit bzw. Nichtsichtbarkeit einerseits und Vulnerabilität andererseits bilden die Grundlage einer Machtkritik, in der zugleich ein subtiler Machtwille zur Geltung kommt. Mit ihr werden nämlich zugleich Narrative der Einwanderungsgesellschaft produziert, die stets als Mangelerzählungen firmieren, den Wandel der Bundesrepublik Deutschland nicht würdigen und an den handfesten Errungenschaften der Einwanderungsgesellschaft vorbeizielen. Je weiter wir in Freiheit und Gleichheit vorankommen, umso schlimmer scheint alles zu werden. Je weiter diskriminierende Praktiken aus den Institutionen zurückgedrängt werden, umso schneller scheinen »rassistische Realitäten« ausgemacht. Der Missmut hierüber greift in den liberalen und linken Milieus um sich und trifft sich dabei ungewollt und spiegelbildlich mit demjenigen, den die AfD verbreitet.

Um es auf eine Formel zu bringen: Es kommt nicht alleine darauf an, *dass* endlich Rassismuskritik stattfindet, sondern es ist ebenso wichtig zu wissen, welche *affektive* Befindlichkeit die Analysen über und die Kritik an Rassismus trägt. Welche Art von Subjekten wollen wir sein, wenn wir uns auf die eine oder andere Art mit Rassismus befassen?

# I Zugehörigkeiten in der Einwanderungsgesellschaft

## *Reden über Rasse*

Die Rede von und über Rasse erfreut sich gegenwärtig einer Renaissance. Vielleicht ist seit dem Ende des Zweiten Weltkriegs noch nie so viel über Rasse gesprochen worden. Diese Aufmerksamkeit mag partiell mit den Entwicklungen in den Vereinigten Staaten im Zuge der *Black Lives Matter* Bewegung in Verbindung stehen. Die rassische Differenz ist in den USA tatsächlich bis in die rechtlichen und politischen Strukturen hinein wirkmächtig gewesen, mit Folgen für andere Bereiche wie die (ökonomischen) Lebensverhältnisse, die auch dann noch die Spuren der rassistischen Sklaverei trugen, nachdem das System sich längst überlebt hatte.

Der amerikanische Soziologe McWhorter (2022) zeigt sich in seinem Buch *Die Erwählten* kritisch gegenüber den aktuellen Tendenzen des Antirassismus und hält diese für eine neue Religion. Man kann durchaus die These vertreten, dass auch in den USA eine Verschiebung der Rassismuskritik stattfindet. Es ist ein großer Unterschied, ob sich eine Bewegung über das Motto »Black is Beautiful« definiert oder über »I can't breathe«. Haben wir es hier nicht mit unterschiedlichen Arten der Selbstaffirmation zu tun, die aus verschiedenen Affektlagen herrühren und wiederum unterschiedliche Affekte produzieren? Womit hängt diese Verschiebung in den Affektlagen zusammen? Der Aspekt der Vulnerabilität ist auch hier zentral. Wer »Black is Beautiful« sagte, erhob keinen Anspruch auf Vulnerabilität, sprach nicht als Vulnerabler, obwohl die Schwarzen unter dem systemischen Rassismus in den USA extrem zu leiden hatten. Die Luft, die sie zu atmen hatten, war unerträglich und doch riefen sie nicht: »I can't breathe«. Ein solcher Ruf hätte keine Resonanz erzeugt.

Der afroamerikanische Schriftsteller James Baldwin (Peck 2017) berichtete, dass er und die Schriftstellerin Lorraine Hansberry sich bei einem Treffen mit dem Präsidentenbruder Senator Bobby Kennedy wünschten, dieser möge im Süden schwarze Schüler in die Schule begleiten. Das wäre ein wichtiges Signal gegenüber einem wütenden weißen Mob. Bobby Kennedy aber antwortete abfällig: »Das wäre eine bedeutungslose moralische Geste.« Hansberry sprach ihn daraufhin direkt an: »Wir hätten von Ihnen ein moralisches Bekenntnis« erwartet. Baldwin beschreibt weiter, dass sie damals Bilder davon vor Augen hatten wie ein weißer Polizist in Birmingham sein Knie auf den Hals einer auf den Boden geworfenen schwarzen Frau drückte.

Angesichts dieses historisch verbürgten Rassismus mit seiner schamlosen Offenheit nehmen sich die »rassistischen Realitäten«, die die vom *Nationalen Diskriminierungs- und Rassismusmonitor* initiierte Studie (Foroutan et al. 2022) festgestellt haben will, als recht verträglich aus. 90,4% der Befragten stimmen der Aussage »Gleiche Chancen für alle sozialen Gruppen muss oberstes Ziel sein« (S. 49) tendenziell zu. Ihr gesellschaftlicher Alltag sei aber, so die These der Studie, gleichwohl rassistisch strukturiert. In Deutschland sollen rassistische Realitäten vorherrschen, aber »insgesamt schätzen 79,1% der Frauen und 70% der Männer die Situationen als rassistisch ein«, die ihnen von den Forschern als Indikatoren für Rassismus vorgelegt wurden. Gibt es etwa einen Rassismus ohne Rassisten?

Wie kann man nun Rassismus problematisieren, wenn rassische Kategorien vermieden werden sollen, obwohl sie doch eine soziale Realität haben? Natürlich haben wir es hier mit dem unvermeidlichen Dilemma derjenigen zu tun, die sich zwar gegen rassistische Diskriminierung wehren, dabei aber zugleich die rassische Unterscheidung »Weiße/Schwarze« benutzen, um die Gründe der eigenen

Diskriminierung offenzulegen. Das erinnert durchaus an das Problem, mit dem sich der bereits erwähnte James Baldwin in einer Diskussion mit seinem weißen Gegenüber, dem Philosophieprofessor Paul Weiss von der Yale Universität auseinandergesetzt hat (Peck 2017). Dieser hatte gefordert, dass man damit aufhören solle, stets von Hautfarbe und Rasse zu sprechen. Das spalte die Gesellschaft. Er, Weiss, habe mehr mit einem schwarzen Gelehrten gemeinsam als mit einem Weißen, der die Wissenschaft ablehnt. Baldwin, der seinerseits die realen, wirkmächtigen rassistischen Trennungen in den USA überwinden wollte, um endlich ohne Hautfarbe von Mensch zu Mensch zu sprechen, konterte, dass die Rasse, so traurig das auch sei, eine US-amerikanische Realität sei. Man könne darüber nicht schweigen. Die Spaltung der Gesellschaft reiche bis in die Institutionen hinein, selbst in jene der Nächstenliebe, die Kirche: Unübersehbar gebe es eine weiße und eine schwarze Kirche. In der Tat wird man dieser Paradoxie – oder besser gesagt: der eigenen Verwicklung in die bekämpfte Sache – nicht entkommen können. Doch sind aus den fraglos existierenden Fällen eines rechtlich verfestigten, politisch konsequent praktizierten und alltäglich omnipräsenten Rassismus Forderungen von heute wie Migrantenquoten oder Repräsentationsansprüche abzuleiten? Das ist eine wichtige Frage. Mir liegt daran, bei der Rassismuskritik diese Differenzierungen, die leicht aus dem Blick geraten, zu berücksichtigen.

Gleichwohl lässt sich die gegenwärtige Rede über Rasse nicht alleine mit diesem Dilemma erklären. Das Interesse an Fragen der Rasse ist nicht bloß deswegen groß, weil endlich der Rassismus offen und breit thematisiert wird. Es ist vielmehr zu beobachten, wie sich die Hautfarbendifferenz über die übliche Unterscheidung Schwarz/Weiß hinaus zu einer Leitunterscheidung der Migrationsgesellschaft entwickelt, die sich bisher selbst nicht so beschrieben hatte. Mitunter scheint es, als werde die unterstellte eigene Verwundbarkeit wie ein Wertstück gepflegt, das desto stärker genossen wird je mehr es den anderen vorenthalten bleibt. Eindrücklich beschreibt etwa Mithu Sanyals Roman *Identitti* (2021) das leidenschaftliche Festhalten der »People of Colour« nicht nur an dem Gebrauch der Hautfarben*differenz*, sondern auch an der Echtheit der Hautfarben*zugehörigkeit*. Als herauskommt, dass die gefeierte Professorin für Postcolonial Studies gar nicht wie behauptet indischer Abstammung, sondern einfach eine Weiße ist, die sich verkleidet hat, verteidigen die Studierenden mit Händen und Füßen die klare Zuordnung der Hautfarbe, die zuvor von der Professorin zum Konstrukt erklärt worden war.[2] Tatsächlich fällt es auf, dass in ein und demselben Diskursfeld, in dem postkoloniale, rassismuskritische, neufeministische, gendersensible und nichtbinäre Ansätze eine Allianz der diskriminierbaren Gruppen eingehen, um bestehende Normvorstellungen und Identitätskonzepte als Konstrukte zu überführen und Geschlecht zu denaturalisieren, die Hautfarbe von der spielerischen Arbeit der Dekonstruktion nicht tangiert wird (Heintz 2017).

Rassismus wird heute mehr denn je *wahrgenommen*. Die Studie des Nationalen Diskriminierungs- und Rassismusmonitors (NaDiRa) *Rassistische Realitäten* bestätigt das auch für die bundesdeutsche Bevölkerung. Ob die Studie tatsächlich auch rassistische *Realitäten* gemessen hat, wie der Titel der Studie suggeriert, oder die *Wahrnehmung* von Rassismus, ist allerdings die entscheidende Frage. Doch selbst wenn diese Quantifizierung so nicht stimmen sollte, gibt es einen qualitativen Wandel in der Rede über und damit auch im Umgang mit Rasse. Das Interesse, von dem ich spreche, kommt allerdings diesmal nicht von rechts. Es sind überraschenderweise nicht die erklärten Rassisten mit ihren Rassentheorien, die ansonsten diesen Diskurs tragen

2 Der Roman lässt sich hervorragend wie eine ethnographische Forschungsarbeit lesen. Die Geschichte bezieht sich auf eine reale Begebenheit. Rachel Dolezal, Professorin für Afrikastudien in Spokane im Bundesstaat Washington, hatte sich für die Rechte der Schwarzen eingesetzt und sich dabei selbst als schwarz ausgegeben (Brühl 2015).

und das bis heute noch tun, auch wenn sie ihn bisweilen im Wortlaut vermeiden und durch andere Begriffe wie »Kultur« oder »Religion« ersetzen.[3] Nun aber kommt der Rekurs auf den Rassediskurs aus einem anderen politischen Feld.

Wer Rassismus kritisiert, kommt um die Begrifflichkeit deshalb nicht herum, weil sie eine soziale Realität erhalten hat. Rassistische Unterscheidungen zu vermeiden, würde schließlich zur Nichtthematisierung des Rassismus führen. Ist denn der Rassismus, so heißt es, in Deutschland bisher nicht ein Tabuthema gewesen und als solches an die extremen Ränder abgeschoben worden? Hat man daher nicht Ersatzbegriffe wie »Ausländerfeindlichkeit« und »Rechtsextremismus« kreiert, bei denen es doch um nichts anderes gehe als um Rassismus (Attia 2013)? Von den alltäglichen Formen eines strukturellen Rassismus habe man erst recht nichts wissen wollen. Halten wir vorerst fest, dass die Hautfarbenreferenz, über die der Rassismus als Herrschaftsordnung etabliert worden ist, nun umgekehrt immer deutlicher in kritischer Absicht beansprucht wird. Das aber ist keine Angelegenheit der bloßen Selbst- und Fremdzuordnung, sondern zeitigt politische Folgen und institutionelle Umstellungen. Die Forderung nach einer Quotenregelung ist das beste Beispiel dafür. Sie legt die Sichtbarkeit der Bevölkerungsgrup-

3 Wenn z. B. Alexander Gauland (AfD) über die islamische Gefahr spricht und dann unvermittelt auf Jérôme Boateng zu sprechen kommt, um seine Aussage zu konkretisieren: »Die Leute finden ihn als Fußballspieler gut. Aber sie wollen einen Boateng nicht als Nachbarn haben.« (Wehner und Lohse 2016) Boateng ist kein Muslim, sondern ein Christ mit einem ghanaischen Vater und einer deutschen Mutter. An diesem Beispiel kann man noch einmal zeigen, dass die weitere Spezifizierung der Formen des Rassismus in der Sache nicht sonderlich hilfreich ist. Es handelt sich nicht einfach um einen speziell gegen den Islam gerichteten Rassismus, den man so benennen müsste, damit das spezifische Leid der Muslime adäquat zum Ausdruck kommt (damit sie bei der Repräsentation des Leides nicht unberücksichtigt bleiben), sondern umgekehrt: Es ist die rassistische Orientierung, die sich gegen jede Art von »Fremden« wendet und diese »Fremden« stets entlang rassischer Kategorien etikettiert. Der Islam bietet sich derzeit als Zielscheibe besonders an.

pen nach ihrer Größe fest, damit die »bisher nicht repräsentierten Nichtweißen« gerechter repräsentiert werden.

Was ist aber umgekehrt von der Vorstellung zu halten, dass diese neue Sensibilität für eine Kritik an Diskriminierung und Rassismus ihrerseits rassistisch sei? Das Argument würde so funktionieren: Die Rassismuskritik arbeitet mit einer unaufhörlichen Schuldzuweisung gegenüber den »Weißen«. Sie sind es daher, die aufgrund ihrer Hautfarbe diskriminiert werden. Das wäre dann ein rassistisches Denken der Linken, die sich Rassismuskritik auf die Fahnen geschrieben hat.[4] Auch wenn dieser Vorwurf auf den ersten Blick plausibel klingen mag, der Sache wird er nicht gerecht. Gleiches gilt für eine Rassismuskritik, die lapidar behauptet, dass Minderheiten nicht rassistisch sein könnten, weil Rassismus mit Vermachtung zu tun habe, die ihnen gerade verwehrt bleibe. Die Machtlosen würden daher mit ihren vermeintlich rassistischen Positionen keine reale Gefahr darstellen, die Mehrheit zu beherrschen. Man muss aber, so ist zu entgegnen, nicht gleich an der Macht sein, wenn man rassistisch denkt und argumentiert. Und umgekehrt hegen diejenigen, die *im Namen* der marginalisierten Gruppen zu sprechen meinen und den »Weißen« Hegemonie vorwerfen, zumeist keine verdeckt operierenden rassistischen Gedanken gegen »Weiße«. Das erklärte Ziel ist und bleibt die Kritik an Rassismus und dessen Bekämpfung auf der Grundlage der Gleichheit.

Dieser letzte Punkt ist und bleibt von entscheidender Bedeutung, wenn es darum geht, den Rassismus zu ver-

4 So etwas gibt es selbstverständlich. *Nation of Islam*, eine Bewegung muslimischer Afroamerikaner, hat die Schöpfungstheorie der weißen Rassisten einfach umgedreht. Der bereits erwähnte McWhorter gibt weitere Beispiele für rassistische Gedanken, die unter den Schwarzen kursierten. Arthur M. Schlesinger berichtete Ende der 1990er in seiner Auseinandersetzung mit der rassismuskritischen Identitätspolitik in den USA recht früh von den rassistisch geladenen Theorien aus den schwarzen Milieus (Schlesinger 2020).

orten. Kritik wird aus der Gemütslage der (tatsächlichen oder empfundenen) Ohnmacht derjenigen vorgetragen, die sich nicht allein gegen Missstände wenden, sondern diese Missstände (etwa einer evidenten Ungleichbehandlung aufgrund der Herkunft/Hautfarbe) als Zeichen eines Privilegierten-Status der »Weißen« deuten. Der Rassismus-Verdacht beeinträchtigt auch hier je nach Fall die analytische Schärfe des Begriffs. Man sollte hier zwar nicht vom reversen Rassismus der »Nichtweißen«, wohl aber durchaus vom *Ressentiment* der Minderheiten gegenüber der Mehrheit sprechen. Das Ressentiment, vielleicht die am besten verteilte Sache der Welt, ist aber nicht mit »Rasse« und einer rassistischen Entwertung einer Volksgruppe zu verwechseln. Letztere zielt politisch auf eine Unterwerfung bis hin zur Vernichtung.

### *Rasse oder* race, *»Weiße« und »Nichtweiße« – begriffstaktische Entscheidungen*

Man kann den Begriff der Rasse im Deutschen nicht ohne Weiteres benutzen. Jeder Gebrauch führt über Auschwitz. Deshalb wird der Begriff meist vermieden oder in Anführungszeichen gesetzt. Diese historisch begründete Beunruhigung wird in den rassismuskritischen Texten mithilfe der englischen Schreibweise entschärft: Im Gegensatz zu Rasse kann man unumwunden von *race* sprechen. Ich habe die Vermutung, dass das von dem Gestus herrührt, der mit dem Gebrauch der englischen Schreibweise zusammenhängt.[5] Könnte man hier nicht davon sprechen, dass das englische Wort *race* mit dem Versprechen verbunden ist, an einer gewissen Weltläufigkeit zu partizipieren, die

5 Einmal abgesehen davon, dass diese Schreibweise im 19. Jahrhundert in deutscher Sprache tatsächlich vorkam. Bei dem aktuellen Gebrauch von *race* gibt es allerdings keine Bezugnahme auf diese alte Schreibweise.

durch den Gebrauch der englischen Sprache allseits suggeriert wird, während das deutsche Wort »Rasse« seinen gerade durch den Nationalsozialismus geprägten historischen Erfahrungshorizont nicht verlassen kann? Ähnlich verhält es sich mit dem Ausdruck »People of Colour«, der keineswegs als »Volk/Leute der Farben« übersetzt werden darf, weil der Ausdruck »farbig«, »farbige Menschen«, ebenfalls unter Verdacht steht, aus dem rassistischen Vokabular zu stammen. Allerdings leuchtet das nicht so schnell ein wie bei dem Begriff »Rasse«. Farbe enthält ähnlich wie *colour* nicht nur negative, sondern auch positive Konnotationen.

Die Vermeidung des deutschen *Rassen*begriffs durch den Einsatz des englischen *race* ist nicht unproblematisch. Denn *race* ist im Verhältnis zu *Rasse* eigentlich unspezifisch, er bezeichnet unabhängig von rassistischer Zuteilung jegliche Herkunft, die man im Deutschen besser mit »ethnisch« wiedergibt. Mit dem rassismuskritischen Gebrauch von *race* in deutscher Sprache meint man aber gar nicht die ethnische Herkunft, sondern die rassische Zuordnung, die demnach immer schon rassistisch wäre. Umgekehrt gilt scheinbar: Jeder Hinweis auf die fremdethnische Herkunft kann bereits auf einen wie auch immer gearteten »strukturellen« Rassismus hindeuten.

So verhält es sich bspw. mit der zu Unrecht bedeutungsüberfrachteten Frage »Woher kommst du?«. Mit der neuen Sensibilität sieht man hier eine rassistisch fundierte Mikroaggression, weil durch die Frage signalisiert werde, dass die Person nicht von hier stamme, was als Verweigerung der Zugehörigkeit gedeutet wird. Sie würde *ver-andert (othering)*. Wie leicht man sich die Verweigerung der Zugehörigkeit vorstellt und davon ausgeht, dass die Betroffenen davon auch tatsächlich und ernsthaft betroffen wären, ist schon ein Thema für sich. An dieser Stelle begnüge ich mich mit dem Hinweis, dass die Differenzierungsmöglichkeit, die mit dem »Ethnischen« im Deutschen gegeben ist, nicht leichtfertig aus der Hand gegeben werden sollte.

Im Folgenden werde ich aus taktischen Gründen, immer wenn ich mich auf die Rassismuskritik oder -vorwürfe beziehe, den deutschen Begriff *Rasse* ohne Anführungszeichen benutzen. Die Diskriminierungsdebatte wimmelt nur so von sprachsensiblen, letztlich aber eigenmächtig getroffenen Entscheidungen. Ich möchte da ausnahmsweise mitmachen. Wenn wir ständig unbesorgt die Rede über Rasse befeuern, indem die Bevölkerung in »Weiße/Nichtweiße« aufgeteilt wird, Subjektivitäten von dort aus entwickelt werden, um dann Repräsentationsansprüche inklusive Ämterbesetzung geltend zu machen, dann sollten wir auch ganz offen den Begriff benutzen. Nicht etwa aus Gründen der Aufrichtigkeit, sondern – das ist das Taktische daran – damit wir jedes Mal zusammenzucken, wenn *wir*, die den Begriff ablehnen, ihn zu Beschreibungszwecken benutzen; damit wir nicht vergessen, was wir gerade tun und welche Beschreibungsregime wir fördern. So wird zumindest dem unbedachten Gebrauch der »Rasse« (hier doch mit Anführungszeichen, weil es um die Hervorhebung des Begriffs als Begriff im konkreten Gebrauchszusammenhang geht) ein Stück entgegengewirkt. Hinter dieser taktisch begründeten Entscheidung steht meine politische Sorge, dass sich die rassische Bezeichnung »Weiße/Nichtweiße« über die bildungsbürgerlichen Schichten hinweg verbreitet und am Ende auch zu einer *anerkannten* Formel der Selbst- und Fremdbeschreibung in der Gesamtgesellschaft wird. Wenn die Deutschen von den Migranten respektive deren Nachfahren anhaltend als »Weiße« markiert werden, dann werden sie irgendwann auch explizit und dauerhaft bejahend davon Gebrauch machen.

Eine mögliche Kritik an dieser Position könnte lauten, dass sie zu einseitig gefasst sei. Die Rassisten bzw. Nazis werden definitiv nicht zusammenzucken, sie werden sich des aktiven Gebrauchs der Rassenunterscheidungen gar erfreuen. Das stimmt zwar, der Einwand ist trotzdem haltlos. Nazis sind nicht die Zielgruppe dieses Textes. Und wer glaubt allen Ernstes, dass sie sich um Anführungszeichen scheren? Sie werden auf alle Fälle leichtes Spiel haben, wenn die Unterscheidung »Weiße/Nichtweiße« zu einer gesellschaftlich anerkannten wird. Vorarbeiten dazu sollten wir nicht leisten.

Der Ausdruck »Weiße/Nichtweiße« wird im Folgenden nicht als Beschreibungskategorie benutzt. Deshalb gehört er gemäß den Regeln der indirekten Rede in Anführungszeichen. Hier soll niemand angesichts der Begrifflichkeit zusammenzucken, sondern immer daran erinnert werden, dass es sich um eine Begrifflichkeit eines Diskurses handelt, der hier kritisiert werden soll. Das hat zwei Gründe: Der erste ist, dass die »Weißen« in Deutschland (die *Deutschen/Europäer*) sich nicht primär über diese Kategorie beschreiben. Die aktuelle Rassismuskritik spricht zwar in diesem Zusammenhang davon, dass »Weiß« als explizite Selbstbeschreibung nur deshalb kaum vorkomme, weil es die Norm darstelle, die folglich unmarkiert bleibt. In der Tat hat man überall, wo man auf einen »Schwarzen« als Schwarzen hinweist, implizit »Weiß« für sich in Anspruch genommen. Hinter diesem Gedanken liegt allerdings ein Problem. Er wird nämlich von der Überzeugung getragen, dass zwischen dem faktischen Arbeiten einer Unterscheidung und ihrer expliziten Anwendung kein Unterschied bestehe. Tut es aber wirklich nichts zur Sache, ob »Weiß« implizit im Hintergrund bleibt oder als kategoriale Zuschreibung explizit einen Diskurs begründet, von dem aus Sprecherpositionen verteilt und institutionelle Regelungen getroffen werden? Ich vertrete die Position, dass es einen entscheidenden Unterschied darstellt, ob etwas implizit oder explizit gehalten wird. Das explizit Gemachte ist nicht bloß Aufdeckung einer verdeckten Wesenheit, die implizit genauso wirkt, wie wenn sie aus der Unsichtbarkeit ans Tageslicht gebracht würde.[6]

6 Diese Erkenntnis zu ignorieren würde nur bedeuten, die Performativität der diskursiven Artikulationen zu ignorieren. Genau das steht aber

Der zweite Grund, warum »Weiße/Nichtweiße« in Anführungszeichen verbannt wird, rührt ebenfalls an einem inneren Widerspruch aktueller Rassismuskritiken: Als Türke/Türkischstämmiger/Türkeistämmiger/Deutsch-Türke halte ich mich vom Rassenkrieg fern. Wenn an der viel bemühten These etwas stimmen sollte, dass wir jeweils aus unserer eigenen Positionalität heraus sprechen, dann gehört zu dieser Positionalität meine türkische Herkunft, deren Relevanz für die Frage »Wie zu sprechen?« ich hier in aller Kürze erhellen möchte. Das ist notwendig, weil bei den türkeistämmigen Bildungsaufsteigern mittlerweile Begehrlichkeiten geweckt wurden, die eigene soziale Existenz und Position mit der Unterscheidung »Weiße/Nichtweiße« zu bestimmen. Dieses Buch möchte dem entgegenwirken.

## *Wer hat eine Hautfarbe? Türken jedenfalls nicht!*

Wenn wir uns die Selbst- und Fremdbeschreibungen von Migranten (teilweise auch ihrer Kinder) aus der zweiten Generation anschauen, finden wir über längere Zeiträume hinweg keine Referenz auf die kategoriale Unterscheidung »Weiße/Nichtweiße« – auch nicht in der »neuen deutschen Literatur« (Ezli 2021b), die von Migranten geschrieben worden ist. Das mag damit zusammenhängen, dass sie zum größten Teil aus Europa stammen: Italiener, Spanier, Portugiesen, Griechen und Jugoslawen konnten von den Deutschen nicht als »Weiße« sprechen. Aber auch für die Migran-

in krassem Widerspruch zu dem primär diskursanalytisch ausgerichteten Ansatz, dem die Rassismuskritik folgt. Das kann man an einem Beispiel demonstrieren: Nahezu alle Staaten der Welt verpflichten sich zum Folterverbot. Man kann aber mit guten Gründen davon ausgehen, dass in vielen Staaten der Welt weiterhin gefoltert wird. Können wir dann sagen, dass es keinen Unterschied macht, ob ein Staat zwar Folter verbietet, sie aber dennoch praktiziert, oder ob dieser Staat, weil er ja ohnehin foltert, sich ehrlicherweise zur Folter bekennen sollte?

ten aus der zivilisatorischen Grenzregion Türkei kam diese Begrifflichkeit nicht in Frage, obwohl ihr Verhältnis zum europäischen Kulturkreis keineswegs uneingeschränkt positiv war und ist. Während die innereuropäischen Migranten sich sowohl kulturell als auch politisch (EU) als Europäer verstehen können, bleibt das Verhältnis zu Europa für ein Großteil der Türkeistämmigen antagonistisch. Dafür lassen sich durchaus Belege finden. Schließlich ist das Schüren der Feindseligkeit gegenüber Europa eine unverzichtbare Zutat im Erfolgsrezept von Erdoğan und reiht sich in eine lange Tradition von Europafeindlichkeit ein.

Im Falle der Türken existierte bislang keine rassische Beschreibung seitens der Europäer und das nicht etwa, weil sie »Weiße« sind, sondern weil sie keine Hautfarbe besitzen. Hautfarbe ist keine biologische, sondern eine politische Kategorie, die in rassistischen Dominanzverhältnissen hergestellt wird. Türken haben im politischen Sinne keine Hautfarbe. Ihre nicht gerade zimperliche Hegemonie in der Vergangenheit (konkret im osmanischen Reich[7]) wurde anders als im Falle der europäischen Mächte der Neuzeit nicht durch Rassenunterscheidungen oder Rassentheorien, sondern mittels der Kategorien religiöser Zugehörigkeit legitimiert – genau wie im christlichen Europa des Mittelalters. Dieser geschichtliche Hintergrund ist entscheidend für die aktuellen Kämpfe um Bezeichnungen. Im Unterschied zu ehemaligen Kolonialisten und Kolonisierten in Afrika haben die osmanischen Herrscher ihre Beziehungen nicht nur zu ihren Untertanen, sondern auch zu den Europäern nicht mit rassischen Kategorien belegt. Europäer waren und

7 Das man übrigens durchaus in einem unspezifischen Sinne als Kolonialmacht titulieren könnte, was jedoch erstaunlicherweise nicht geschieht. Herrschaft über andere Völker scheint dann zu interessieren, wenn sie die Europäer ausüben. Ein islamistischer oder nationalistischer Türke könnte hier mit »gutem« Recht über die mangelnde Anerkennung der weltgeschichtlichen »Leistungen« der Osmanen in den globalen Erzählungen klagen.

sind weiterhin für sie keine »Weißen«. Weder sehen sie sich selbst als »Weiße«, noch beschreiben sie sich als die Gegenseite der »Weißen«. »Franken, Christen, Europäer« waren die gültigen Zuordnungen der Türken, die sie zum Teil auch von den muslimischen Arabern übernommen hatten. Wenn sie gelegentlich oder häufiger böse über die Europäer sprachen, dann waren diese eben keine »weißen Kolonialisten«, sondern »Kreuzfahrer«.

Auch die Nachfolgerin des osmanischen Reiches, nämlich die inzwischen über einhundert Jahre alte türkische Republik hat sich nie in einem auf Rassendifferenzen referierenden Diskurs nach innen und außen verortet. Der türkische Nationalismus der neuen Republik umfasste nichttürkische Muslime, schloss aber christliche Türken aus. Die nichtmuslimischen Bürger der Republik hatten einen durch internationale Abkommen geregelten Status, der mit ihrer Religionszugehörigkeit zusammenhing. Selbst die Fundamentalisten, die die Republik für einen Ableger Europas halten, haben in ihrem Hass gegen Europa nicht auf Herkunft oder Hautfarbe gesetzt, wenn sie über die Europäer (Amerikaner gehören dazu) durchweg negativ, als ihr antagonistisches Anderes, gesprochen haben. Erst in den 1990er Jahren, unter dem Einfluss des akademischen Postkolonialismus, tauchte die Unterscheidung »Weiße Türken – Schwarze Türken« im politischen Diskurs der Türkei auf. Die Soziologin Nilüfer Göle hatte die Begrifflichkeit mit dem Bedeutungsgehalt zu etablieren versucht, dass eine säkulare, westlich orientierte vermeintliche Elite die »Weißen« seien, die über die »religiösen schwarzen Türken« herrsche. Sie wollte eine Privilegien-Kritik entwickeln, wie sie in der postkolonial gefärbten, neueren Rassismuskritik inzwischen tonangebend geworden ist (ausführlich dazu: Tezcan 2022). Erdoğan nahm eilends die Rolle an, als Sprecher der »schwarzen Türken« gegen die säkularen »weißen Türken« anzutreten.

Dabei war die Unterscheidung »Weiße Türken – Schwarze-

Türken« ursprünglich entstanden, um die Ressentiments der großstädtischen Bürgerlichen gegenüber den mehrheitlich, aber nicht ausschließlich kurdischen Zuwanderern anzuprangern. Dass sie sich nicht etablieren konnte, hat sicher mehrere Gründe, unter anderem den, dass sich die ethnische Differenzachse türkisch-kurdisch keineswegs mit der sozialen Achse von reich-arm deckt, während wiederum die gemeinsame religiöse Zugehörigkeit einen weiteren *Cross-Cutting*-Effekt erzeugt.[8] Der Republikanismus hat hier ebenfalls entschärfend gewirkt. Das Ergebnis lässt sich so deuten, dass sich die begrifflichen Zuordnungen nicht mit einem Kunstgriff etablieren lassen. Soviel ist für den vorliegenden Essay festzuhalten: Rassische Unterscheidung war weder für die Osmanen noch für die Republik ein Mittel der Selbst- und Fremdpositionierung.

Es wäre allerdings absurd, daraus die These abzuleiten, dass die Türken mehr oder weniger immun gegen Rassismus seien. Das ist eine völlig andere Frage. Gerade in den faschistischen Varianten des türkischen Nationalismus war die Feindseligkeit gegenüber bestimmten Volksgruppen, vor allem gegenüber christlichen Armeniern, rassistisch unterlegt. Während des Kampfs gegen die kurdische PKK hat sich in den 1990er Jahren über Parteigrenzen hinweg eine praxiswirksame Kurdenfeindlichkeit mit rassistischen Untertönen herausgebildet, auch wenn dieser Rassismus stets durch den Islam bzw. die gleiche Glaubenszugehörigkeit sowie durch den republikanischen Humanismus gedämpft wurde.[9]

8 *Cross-Cutting* bedeutet in der Konflikttheorie (Coser 1965), dass unterschiedliche, sich kreuzende Konfliktlinien (*cleavages*) die Konfliktdynamik bremsen können. Wenn sie fehlen, verschärfen sich die Konflikte: Deutsch/Christlich/Europäisch vs. Nichtdeutsch/Muslimisch/Nichteuropäisch etc. Umgekehrt bedeutet das natürlich nicht, dass christlich oder europäisch als gemeinsame Zugehörigkeit ein Garant für Konfliktminimierung wäre. *Cross-Cuttings* sind immer in ihrer je geschichtlichen Einbettung zu betrachten.

9 Tatsächlich gab es auch explizit rassistische Strömungen in der Geschichte der modernen Republik, die anfangs vor allem mit dem

Wie sieht es aber mit den Migranten aus der Türkei in Deutschland aus? Müsste sich hier nicht die rassische Differenz für die Gastarbeiter und deren Kinder anbieten, die sich auf drei Differenzachsen von der deutschen Mehrheitsbevölkerung unterscheiden: *ethnisch* fremd – *religiös* nicht nur fremd, sondern auch politisch Jahrhunderte lang die größte Konkurrenz zum christlichen Europa – schließlich *sozial* unterprivilegiert und damit eine »ethno-religiöse Sub-Nation« (nach Hartmut Esser 2001: 76)? Nimmt man die Ausländerfeindlichkeit dazu, die anfangs im erheblichen Maße auch eine explizite Türkenfeindlichkeit war, dann liegt es eigentlich nahe, dass hier vonseiten der Türken eine rassifizierende Unterscheidung für Fremd- und Selbstbeschreibungen gewählt wird. Trotz dieser begünstigenden Faktoren kam jedoch auch für die eingewanderte Minderheit der Türkeistämmigen eine auf Hautfarbe referierende Selbst- und Fremd-Positionierung nicht in Frage.

Das gilt uneingeschränkt für die erste Generation der Gast- und Fremdarbeiter. Deutschland war deutsch, sie selbst waren Türken. Deutschland war ein christliches Land, sie selbst waren Muslime; Muslime gehörten nicht zu Deutschland. Diese Empfindung basierte übrigens keineswegs auf den

Namen Nihal Atsiz verbunden sind. Dieser rassistische Nationalismus, der sich auf eine überlegene türkische Rasse mit zentralasiatischer Herkunft bezieht, hat den Kampf gegen die islamische Wendung des faschistischen Nationalismus verloren, der von den Grauen Wölfen vertreten wird. Seitdem sind zwar die rassistischen Züge im Diskurs der Grauen Wölfe im erheblichen Maße vorhanden, werden aber zumindest nach innen hin durch die gleichwertige Stellung des Islams in diesem rechten Nationalismus in Grenzen gehalten. Denn eine rassistische Ideologie ist, sosehr sie auch zum türkischen Nationalismus verpflichtet sein mag, in letzter Instanz dysfunktional für die Nation in ihrer historischen Gestalt, weil diese sich nicht aus der Ausschließung muslimischer Völker der Kurden, Araber, Tscherkessen u. a. ergibt, sondern auf deren Assimilation beruht. Auch wenn Rassismus, Faschismus, Nationalismus etc. oft identisch gebraucht werden mögen, bezeichnen sie unterschiedliche politisch-geistige Strömungen und Praktiken – bestens analysiert von Bach und Breuer 2010 sowie Breuer 2021.

Erfahrungen der Ausschließung oder Diskriminierung, wie man heute die Verhaltensweisen der Minderheiten gerne behavioristisch nach einem Reiz-Reaktion-Schema erklärt.[10] Die Selbstbeschreibung als fremde Türken bzw. Muslime war jeglicher Diskriminierungserfahrung vorgängig und bleibt es auch weiterhin. Die Diskriminierungserfahrungen haben wiederum diese Selbstzuordnung noch einmal gefestigt. Das politische Engagement der Türken spielte sich in diesem Sinne dann auch in zwei getrennten Bereichen ab, ebenso wie ihr Alltag auch sonst zwischen Arbeit (Deutschland) und Freizeit (Türkei) getrennt war. Auf die Arbeit bezogen konnten sie Teil der gewerkschaftlichen Arbeiterkämpfe sein; auf die Freizeit bezogen haben sie die Kämpfe der Türkei untereinander weiter ausgefochten. Noch immer wird die politische Landschaft der Türkeistämmigen in Deutschland weitgehend durch Differenzlinien aus der Türkei bestimmt, obwohl inzwischen die politische Partizipation der späteren Generationen sich auch auf Deutschland hin ausrichtet. Türken mit türkischem Pass entscheiden seit 2014 mit über die Geschicke der Türkei, bislang und zuletzt 2023 zugunsten von Erdoğan.

Hat sich aber nicht wenigstens für die nachfolgenden Generationen diese Option der Hautfarbenreferenz angeboten? Auch hier fehlt für diese ein praxiswirksamer, breiter Gebrauch. Selbst die Vertreter einer zornigen zweiten Generation wie z. B. *Kanak Atak*, die wortgewaltige Sprecher wie den Schriftsteller Feridun Zaimoglu hatte, haben sich nicht entlang der Hautfarbe positioniert. Zwar gab es den Ausdruck »Karakafalılar« (»die Schwarzköpfe«), der mit einem gespielt empörenden Stolz verwendet wurde. Aber auch wenn diese Bezeichnung eine Hautfarbenassoziation beinhaltet, ging aus ihrem Gebrauch nie ein Hautfarben-

10 Dieses Erklärungsmuster kommt vielerorts vor. So wird z. B. das Wahlverhalten der Türken in Deutschland erklärt: »Türken werden in Deutschland nicht anerkannt, deshalb wählen sie Erdoğan in der Türkei.« (Tezcan 2023)

diskurs hervor. Das machte allerdings ihre Angriffe weder harmlos noch zustimmungspflichtig, so etwa wenn die »Karakafalıs« in ihren »Allemannenbeschimpfungen« über »Blondgezocks« schwadronierten (Talkshow 3nach9 1998).

Ich vermute, dass sich diese Beobachtung auch für andere außereuropäische Migranten wie z. B. Araber aus verschiedenen Ländern geltend machen lässt. Bei den Arabern hätte sich ein solcher Diskurs theoretisch eher entfalten können (wie in der Sendung *Wie redest du?!*); schließlich waren sie, anders als die Türken, von den europäischen Mächten kolonisiert worden. Aber auch unter Kolonialherrschaft war »Weiß-Nichtweiß« keine kategoriale Unterscheidung, mit der Araber sich auf der Weltkarte positionierten. Kolonialisten waren für sie Christen »(naṣārā; النصارى)«; und der Kolonialismus reihte sich ein in den langen Kampf zwischen Islam und Christentum.[11] In jedem Fall ist für weite Teile der Türken und Araber der Einheimische unzweifelhaft ein Deutscher oder Europäer und, je nach der eigenen Haltung, auch mal primär ein Christ. »Weiß« ist er nicht. Jedenfalls war er es bislang nicht, zumindest für weite Teile dieser Milieus. Gilt das noch und falls ja, inwieweit, für wen und für wen nicht?

Neuerdings lassen sich aus diesen Gemeinschaften auch solche Stimmen vernehmen, die sich als »Nichtweiße« oder »People of Colour« bezeichnen und von den Deutschen als »Weiße« sprechen. Meist kommen sie in literarischen Zusammenhängen vor, haben aber Potenzial, auch in die politischen Diskurse zu gelangen. In dem Buch *Eure Heimat ist*

11 Für diesen Hinweis und weiterführende Literatur bedanke ich mich bei Youssef Dennaoui. Den Türken ist der Weg versperrt, den Europäern mit gutem Grund koloniale Unterwerfung als Verbrechen vorzuwerfen. Selbst der Kreuzfahrer-Vorwurf wird nur sehr begrenzt erhoben, schließlich hieße das, über die Stärke der anderen zu klagen, was sich aber nicht gut mit dem eigenen Geschichtsbewusstsein verträgt. Der von Mustafa Kemal (Atatürk) erfolgreich geführte Kampf gegen die Besatzungsmächte nach dem ersten Weltkrieg nutzt gar den Unterwerfungsversuch zur Hervorhebung der eigenen Stärke, ohne die europäischen Besatzungsmächte aus einer ressentimentalen Gemütslage heraus zu verklagen.

*unser Alptraum* (Aydemir und Yaghoobifarah 2020), das sich mit dem Heimatbegriff in Deutschland kritisch auseinandersetzt, marschieren etwa etliche Autoren und Autorinnen auf, die nur noch »Weiße« und »Nichtweiße« sehen. Auch in der eingangs erwähnten WDR-Sendung *Wie redest du?!* spricht nicht nur die schwarze Künstlerin von den »Weißen/Nichtweißen«, sondern auch die anderen reden so.

Die Gründe dafür sind vielfältig. Einer dürfte darin liegen, dass »Schwarz« und im Zuge dessen die Unterscheidung »Weiß/Nichtweiß« nicht zuletzt durch die *Black Lifes Matter*-Bewegung eine positive Identifikationsfolie für Minderheiten bietet. Man kann hier durchaus von Mode oder, polemisch zugespitzt, von »Schwarzfahrern« sprechen, die selbst nicht schwarz sind, aber auf dem Ticket der Schwarzen mitfahren. Man sollte aber das Modische soziologisch ernst nehmen und es mit Gabriel Tarde (2017) als eine zunächst oberflächliche Form der Nachahmung verstehen. Es gehört zu dieser Theorie der Nachahmung, die für Tarde die basalste soziale Form ist (»Gesellschaft ist Nachahmung«), dass nicht jede Handlung oder Bezeichnung gleichermaßen Nachahmungseffekte erzeugt. Man müsste aufzeigen, welche Faktoren eine solche Nachahmung erleichtern. Wenn zumindest unter den Bildungsaufsteigern der Migrantennachfahren die Hautfarbenreferenz beliebter wird, scheint das ein Hinweis darauf zu sein, dass es schwieriger geworden ist, die Grenzziehungen anhand der etablierten Unterscheidung Deutsch-Nichtdeutsch vorzunehmen. Was ist da alles passiert?

### *Unruhige Zugehörigkeiten: Migrant/Postmigrant/Einheimische u. a.*

Bleiben wir im Bereich der identitären Selbst- und Fremdbezeichnungen, die die aktuellen Diversitäts- und Diskriminierungsdiskurse kennzeichnen. Den *primären* Fokus auf

Identität halte ich nicht für den geeigneten Weg, um unsere soziale Existenz adäquat zu verstehen, ja mehr noch: Man muss diese Fixierung auf Identität grundsätzlich problematisieren. Gleichwohl bewege ich mich hier innerhalb der Parameter des Identitätsdiskurses, ohne ihn mir anzueignen. Die Ausgangsfrage ist zunächst, woher das gesteigerte Interesse an der Rasse (an *race*) kommt. Was sind die Bedingungen, die diesen Wandel fördern? Es scheint, dass bisherige Bezeichnungen aus verschiedenen Gründen, die den Generationenwandel, politische und kulturelle Integration und schließlich rechtliche Veränderungen betreffen, nicht mehr greifen.

Was ist mit der ursprünglichen Unterscheidung »Deutsche/Nichtdeutsche«? Inwiefern greift sie denn nicht mehr und vor allem für wen? Mit Blick auf die Unterscheidung »Weiß-Nichtweiß« ist die nationale Unterscheidung in ihrer Allgemeinheit zunächst einmal unspezifisch. Zu den »Nichtdeutschen« gehören Türken genauso wie Griechen, Italiener, Spanier, Portugiesen, Jugoslawen etc. Ausländer sind/waren sie alle. Der Nichtdeutsche (abgesehen von den anerkannten Minderheiten der Sorben, Dänen und Friesen) galt als Ausländer, vor allem im rechtlichen Sinne, aber nicht nur. Die formale Staatsangehörigkeit korrespondierte dabei weitgehend mit sozialen Zuordnungen; erst später hat sich dieser Zusammenhang gelockert. Im Volksmund hat sich der Begriff »Ausländer« lange gehalten, auch unabhängig von der tatsächlichen Staatsbürgerschaft.

Dieser Wandel lässt sich mitunter an politischen Initiativen beobachten. Die *Woche des ausländischen Mitbürgers* wurde z. B. 1993 in die *Interkulturelle Woche* umgetauft (Ezli 2021a). Auch bei öffentlichen Personen zeigt sich dieser Wandel. Cem Özdemir mag seinerzeit als »anatolischer Schwabe« noch ein bunter Vogel gewesen sein. Aber die Häufung solcher Fälle bleibt nicht folgenlos für die alltägliche Wahrnehmung. Wenn Shakuntala Banerjee früher in einer Liveschalte von irgendwo in der Welt die Fragen der Moderatorin Jana Pareigis in den heute-Nachrichten beantwortete, Özden Terli das Wetter vorhersagt, dieselbe Shakuntala Banerjee (inzwischen) im Sommerinterview Spitzenpolitiker (zuletzt AfD-Sprecher Tino Chrupalla) interviewt, sowie ähnliche vertraute »Fremde« mit Mitri Sirin eine Stunde später in der ARD-Tagesschau zu sehen sind; wenn Malaika Mihambo zwei Mal als Weltmeisterin im Weitsprung (2019 und 2022) und einmal als Olympiasiegerin (2021) mit deutscher Fahne und begleitet von der Nationalhymne auf das Podest steigt; wenn bei den zwei Weltmeistertiteln der deutschen Fußballnationalmannschaft, als diese noch in nicht allzu ferner Vergangenheit zur Weltspitze gehörte, mehrere nichtdeutsche Namen mit ansehnlicher Leistung dazu beitrugen (wie u. a. Mesut Özil, dessen Werdegang in das hier behandelte Themenfeld gehört), dann sehen wir nur die Spitze des Eisberges einer nachhaltigen Veränderung Deutschlands, für die Rassisten gemeinhin den Ausdruck »Bevölkerungsaustausch« verwenden.

Wer sich sonntags die Spiele im Amateurfußball anschaut, wird ähnliches entdecken: Die Mannschaften bestehen zu einem erheblichen Teil aus Migranten und deren Nachfahren; ethnische Mannschaften (Türkgücü etc.) finden sich zwar durchaus weiterhin, aber im Mainstream ist keine Häufung spezifischer Ethnien zu sehen. Selbst die ethnischen Mannschaften sind inzwischen gemischt. Mischung ist nicht nur auf dem Platz, sondern auch hinter der Bühne, in der ehrenamtlichen Arbeit, zum Normalfall geworden. Auch und gerade unterhalb der Prominenz der Fernsehübertragungen des professionellen, international agierenden Sports sind die Lebenswelten in Deutschland derart von den Folgen der Migrationstatsache durchdrungen, dass der Ausdruck Ausländer seinen Stammplatz sogar im Volksmund verloren hat: Er ist zum Migranten geworden.

Diese Aussage ist vielleicht noch ein wenig zu differenzieren. Man wird vermutlich nicht durchweg behaupten können, dass der »Migrant« sämtliche Konnotationen des »Ausländers« abgestreift hat. Trotzdem ist der Migrant in Deutschland anders beheimatet als sein Vorgänger. Zwar bleibt auch hier die Richtungsanzeige, dass jemand von außen hinzugekommen, sprich im weiteren Sinne zugereist ist, weiterhin bestehen. Das bedeutet allerdings wenig: Für die Lipper sind alle anderen »Zugereiste«, selbst die Ostwestfalen, die sich im lippischen Hoheitsgebiet aufhalten. Auch der Zusatz »Migrationshintergrund« ändert daran nichts. Es ist genau diese Richtungsanzeige von und durch andere, die einige unter den Migrantennachfahren verärgert. *Ich bin von hier. Hört auf zu fragen!*, empörte sich 2019 Ferda Ataman in ihrem gleichnamigen Buch. Sie ist heute die Antidiskriminierungsbeauftragte der Bundesregierung. Die nachfolgenden Generationen vergessen mitunter leichtfertig, dass »Migrant« einen »Fortschritt« gegenüber dem Ausländer bedeutete. Im »Migrant« steckt, was häufig übersehen wird, auch die Anerkennung oder zumindest das Eingeständnis, dass die Zugereisten *irgendwie* dazugehören.

### *Warum nicht bedingungslos, warum irgendwie?*

Wie aber ist dieses *Irgendwie* zu verstehen? Ist das nicht zu wenig für eine Gesellschaft, die sich inzwischen im Mainstream ihrer politischen Klasse und der medialen Öffentlichkeit sowie bis in die Gesetzgebung hinein (Zuwanderungsgesetz, Erleichterung der Staatsbürgerschaft) dazu bekennt, eine Migrationsgesellschaft zu sein? Bundespräsident Frank-Walter Steinmeier hat Deutschland zu einem Land mit Migrationshintergrund erklärt. Aus der Perspektive der neueren, hochsensibilisierten Rassismuskritik, wird man an dem *Irgendwie* die Spuren eines strukturellen Rassismus erkennen können. Diese denunziert nämlich jegliche Unterscheidung zwischen innen und außen, Inländern und Ausländern, Deutschen und Nichtdeutschen, Einheimischen und Migranten als Ausdruck derselben Ausschließungsprozesse. Genau das ist ein Indiz für eine mögliche Erklärung, warum die ortsunabhängige Unterscheidung »Weiße/Nichtweiße« auf zunehmendes Interesse stößt. In diesem Sinne wird ja bereits in der Integrationserwartung (»Migranten müssen sich integrieren«) eine unzumutbare, bisweilen gar rassistische Aufforderung gewittert, weil hier, mit welchem Recht auch immer, von Menschen erwartet werde, dass sie sich an irgendwelche bestehende Strukturen anpassen (Hess et al. 2009; Integration? Nein Danke! 2010). Das Problem mit dieser radikalen Liebe für die Grenzenlosigkeit ist: Wer an irgendeinem *Irgendwie* noch zu wenig Entschlossenheit oder gar eine implizite Verweigerung einer uneingeschränkten Anerkennung der grenzenlosen Zusammengehörigkeit wahrnimmt, hegt die Vorstellung von einer keimfreien Gesellschaft, in der niemandem eine kategorielle Zuordnung zugemutet werden darf.

Einerseits kann man diese Haltung als die konsequente Entfaltung des liberalen Individualismus-Prinzips betrachten. Andererseits wird man den Eindruck nicht los, dass die aktuellen Varianten, die sich auf die Themenkomplexe Migration, Flüchtlinge, globalen Süden beziehen, im Grunde den alten Traum der kommunistischen Gesellschaft hegen, in dem soziale Differenzen verschwinden und in der Zukunft eine erlöste Gemeinschaft auf uns wartet. Allein, die Revolution steht nicht mehr als Option zur Verfügung. Vielleicht erklärt sich von hier aus, warum die Kritik gegenwärtig immer moralischer wird, fehlt es doch an einer zumindest theoretisch praktikablen Vision, die das konkrete politische Handeln auf einen absehbaren Zielpunkt lenkt. »Gesellschaft ohne Rassismus«, »Schule ohne Rassismus« sind weniger politische als vielmehr moralische Visionen. Die alte Revolutionspolitik konnte ihrerseits mit weniger Moral auskommen als die postkolonial getönte Rassismuskritik, deren Erbe sie beansprucht.

Die Unterscheidung Deutsche/Ausländer, die noch für

die erste Generation unproblematisch verwendet werden konnte, gerät schon in der zweiten Generation in die Kritik. Kaum war aus dem Ausländer ein Migrant geworden, durfte dieser Begriff schon nicht mehr für die zweite Generation gelten. So hat man dann den *Hintergrund* entdeckt. Da man dabei auch irgendwie betonen musste, dass es um Menschen geht, lautete daher die neue Gattung: *Menschen mit Migrationshintergrund*.[12]

Wie lange trägt nun jemand diesen Hintergrund mit sich, wie viele Generationen? Kann es überhaupt eine Abhilfe geben? Die Bezeichnung hält die fremde Herkunft stets wach, die ja eigentlich vergessen gemacht werden sollte: »Du bist ursprünglich nicht von hier.« Warum diese mitklingende Botschaft, nicht von hier zu sein, zwangsläufig negativ, als Diskriminierung oder Verweigerung der Zugehörigkeit aufgefasst wird, warum man sich nicht auch einmal indifferent oder gar positiv dazu verhalten kann, das ist eine wichtige Frage, die uns auf das Problem der Affekte aufmerksam macht.

Das Kind erhält jedenfalls laufend neue Namen, die bei Behörden amtlich festgehalten werden: Die Berliner Stadtverwaltung entschied sich in ihrem Diversity-Programm für »Menschen mit Migrationsgeschichte«. Die Gruppe *Neue Deutsche Medienmacher* schlägt »Menschen mit internationaler Geschichte« (gleichnamiger Eintrag im Glossar 2023) vor; dort findet man auch den polemisch gemeinten Eintrag »Standard-Deutsche«, der auf Paul Mecheril zurückgeht.

Bei dieser Umschau im Gemischtwarenladen der Bezeichnungen möchte ich kurz innehalten. Was sollen diese Bezeichnungen verstehen helfen? Der Ausgangspunkt war

**12** Dieser Begriff war übrigens mit statistischen Interessen verbunden und lässt sich nicht mit einem Machtspruch abschaffen. Die Gattungsangabe *Mensch* bekommt die hehre Aufgabe, der möglichen Essentialisierung, die mit dem jeweiligen Substantiv scheinbar verbunden sei, entgegenzuwirken. Fehlt die »Spezifizierung« Mensch, so würde der Benannte auf diese eine Eigenschaft reduziert.

die These, dass heute erneut vermehrt von Hautfarbenreferenz Gebrauch gemacht wird. Das hängt, so meine These, damit zusammen, dass die alten Zuordnungen partiell nicht mehr greifen. Bereits ihre Vermehrung ist ein Indikator dafür, dass der Etikettenhaushalt der Gesellschaft in Bewegung geraten ist. Andere Angebote machen die Runde. »Weiße/Nichtweiße« ist eines, das aktuell große Aussichten auf Erfolg hat. In den linksliberalen bildungsbürgerlichen Milieus, zu denen sowohl Deutsche, Einheimische, Inländer, Alteingesessene, Etablierte etc. als auch Ausländer, Migranten, ihre Nachfahren, also Menschen mit Migrationshintergrund/-Erfahrung/-Geschichte etc. gleichermaßen gehören, hat es sich bereits verbreitet. All diese Unterscheidungen und Begriffe wird man wiederum in Frage stellen können, will man adäquate, saubere Formulierungen finden, die auf alle ohne irgendeinen scheinbar diskriminierenden, d. h. aus- und abgrenzenden Effekt zutreffen. Sollen wir also »Weiße und Nichtweiße« sagen? Das wäre einfach, enthält keine scheinbar verletzende Referenz auf irgendeine Bewegung von hier nach dort, von dort nach hier. Es spielt auch keine Rolle, wer seit wann wo lebt. Kein Vordergrund, kein Hintergrund. Alles, was zählt, ist das, was man sieht. Könnte es sein, dass die Hautfarbe sich deswegen als eine effektive Alternative anbietet? Vieles spricht dafür.

Vielleicht können wir an dieser Stelle so viel festhalten: Das Begehren nach einer unspezifischen Rassenbegrifflichkeit (*race*) von links entsteht zumindest in semantischer Hinsicht daraus, dass die alten Begrifflichkeiten nicht mehr ohne Weiteres greifen. Unspezifisch ist diese neue Verwendung der Hautfarbe deshalb, weil nur »Weiße/Nichtweiße« zur Auswahl steht. Spezifisch wäre eine solche Kategorisierung, wenn wir konkrete Attribute wie germanische, arische, semitische, arabische, chinesische etc. dazu nehmen würden. Auch Farberweiterungen wie »rote« und »gelbe« Rassen wären noch spezifisch, sie werden aber jetzt im

»Nichtweiß« aufgehoben. Im Grunde behält mit der rassismuskritischen Unterscheidung »Weiße/Nichtweiße« die »Weiße Rasse« endgültig die Lufthoheit, weil fortan alles nur noch als die Kehrseite des Weißen definiert wird.

*Wen gibt es noch alles in der »Völkerschau«?*

Doch trifft diese Beschreibung wirklich zu? Wie verbreitet ist denn tatsächlich die Bezeichnung »Weiße/Nichtweiße«? Bauen wir hier nicht einen Pappkameraden auf, um ihn dann umso leichter abzuschießen? Noch gibt es keine Studien darüber, wer sich beim Angebot von »Weiße/Nichtweiße« auf welche Weise definiert. Bestehende wissenschaftliche Untersuchungen geben eine begrenzte Zahl von Alternativen vor, die sich allesamt auf ethnisch-nationale Zugehörigkeiten beziehen. Befragte sollen sich entscheiden: »Als was fühlen Sie sich?: a) Deutscher b) Türke (oder anderes) c) beides.«

Ob Gefühl hier wirklich weiterhilft, sei dahingestellt. Andere Indikatoren geben mindestens Hinweise. Die Beteiligung an türkischen Wahlen ist z. B. ein unfehlbarer Indikator dafür, dass die betreffende Person sich auch als Türke sieht, wen auch immer sie wählt: ob Erdoğan oder die Opposition. Welche Zeitungen in einem Verein ausliegen, welche Fernsehkanäle laufen, welche Fußballligen verfolgt werden, welche Fahnen in den Räumlichkeiten hängen etc. All das sind lesbare Hinweise und noch etliche weitere mehr. Es sind allerdings vermutlich nicht diese Milieus mit einem weiter anhaltenden Interesse am Heimatland der Großeltern, in denen die »Weiße/Nichtweiße«-Unterscheidung zur eigenen Positionsbestimmung dient. Hier ist man selber Türke, und die Deutschen sind Deutsche. Das ethnische Selbstbewusstsein ist hier zudem zu stark, als dass es bloß als Reaktion der marginalisierten Minderheiten auf Zuschreibungen von deutscher Seite entstanden wäre.

Unter den jüngeren Migranten begegnet man neuerdings einem neuen Ausdruck, dem *Alman*, das von verschiedenen Volksgruppen übernommene türkische Wort für Deutsche. Diese Bezeichnung hat sich in den letzten Jahren stark verbreitet. Es wird über diese Milieus hinaus schick, sich mit seiner Verwendung einen proletenhaften Anschein zu geben. Anschaulich wird dies in der Begeisterung, die der Film *Fack ju Göthe* ausgelöst hat. Inzwischen gibt es auch eine Fernsehserie *Almania*. Die Standup-Comedy ergötzt sich geradezu an der Bezeichnung *Alman* (*Die Datteltäter*). Wie ist das zu verstehen? Welche Vergemeinschaftungen generiert oder simuliert der Gebrauch von *Alman*? Welche Funktion erfüllt diese Bezeichnung? Und vor allem, wen oder was bezeichnet und markiert sie?

Wenn das Gegenüber *Alman* ist, dann sind die anderen es nicht. Die *Nicht-Almans* haben etwas gemeinsam, ohne dass man aber aus dieser Gemeinsamkeit neue Formen der Solidarität für eine neue Politik heraushören sollte. So wie der Migrant niemals den Wunsch erfüllen wird, für die inzwischen orientierungslos gewordene Radikalkritik der Gesellschaft das abhanden gekommene revolutionäre Subjekt zu ersetzen, so wird *Almans* Funktion nicht darüber hinausgehen, den pubertierenden Abgrenzungsspielen eine Orientierungshilfe zu geben und Munition für Ethno-Comedy zu liefern. *Alman* wird paradoxerweise deshalb benutzt, weil man sich mit der Differenz Deutsch/Nichtdeutsch nicht adäquat bezeichnet sieht, obwohl die Realität dieser Unterscheidung keineswegs in Frage gestellt wird. Wir haben es mit einer gewissen Verfremdungsstrategie zu tun, die nicht nur soziologisch, sondern auch kultur- und literaturwissenschaftlich von Interesse ist. Die Aufteilung Deutsch/Nichtdeutsch wird dabei keineswegs zurückgewiesen, denn *Alman* bezeichnet bei aller Verfremdung letztlich die Deutschen. Der Migrationsforscherin Naika Foroutan mag die Aussage ihres Sohnes als empirischer Beleg dafür genügen, dass auch Türken *Almans* sein können und *Alman* daher heute so etwas wie Spießer bedeute (Göhlsdorf 2023). In der Tat taucht der *Alman* in Filmen wie *300 Worte Deutsch* auch als Spießer auf, doch auch dort ist mit ihm immer der tatsächliche Deutsche gemeint. Der deutsche *Alman* ist eben ein Spießer.

Wir sehen: Es ist weiterhin leicht zu bestimmen, wer Deutscher ist. Viel schwieriger geworden ist hingegen, genau anzugeben, wer *kein* Deutscher ist. Das mag logisch betrachtet widersinnig klingen: Wenn klar ist, wer Deutscher ist, dann ist damit zugleich auch mitbestimmt, wer *kein* Deutscher ist. In der Sozio-Logik der Bezeichnungen müssen wir uns von dieser formallogischen Widerspruchsfreiheit lösen. Es gilt die Ambiguitäten wahrzunehmen. Warum kann man nicht mit letzter Bestimmtheit sagen, wer *kein* Deutscher ist?

Diese scheinbar einfache Frage verlangt nach einer komplexen Antwort. Wir haben es zunächst einmal aufgrund der Mischehen mit vielen Kindern zu tun, die nach dem klassischen Verständnis beides sind. Sie sind Deutsche *und* zugleich Nichtdeutsche. Mit den Kindern werden aber auch Eltern ohne irgendein Bekenntnis oder einen institutionalisierten Einbürgerungsakt faktisch in die deutsche Gemeinschaft eingegliedert. Man kann auch von einem umgedrehten Familiennachzug sprechen, bei dem die Kinder ihre Eltern in die Gemeinschaft mit hineinnehmen. Natürlich sind es nicht nur die Kinder, die ihre nichtdeutschen Eltern nachholen, sondern auch der jeweils andere Part des binationalen Paares. Bis hierher bleiben wir aber noch im klassischen ethno-nationalen Rahmen. Muss das so bleiben? Ist das Schicksal? Es sind selbstverständlich nicht nur Kinder aus den Mischehen, sondern auch Nachfahren der rein migrantischen, also nichtdeutschen Familien, die die Bezeichnungsordnung durcheinanderwirbeln. Auch sie bewegen sich in den Lebenswelten mit einer anderen Selbstverständlichkeit. Ihre Präsenz nicht nur in sozial benachteiligten Randbereichen, sondern in erfolgreicheren

Positionen der Gesellschaft und den Medien bringt Gewöhnungseffekte mit sich. Allein schon wegen derlei Veränderungen in der Zusammensetzung der Bevölkerungsstruktur wird es schwierig, jemanden als *Nichtdeutschen* zu bezeichnen, insofern die Person darauf beharrt, sehr wohl Deutscher zu sein. Erst recht kann eine solche Verweigerung des Deutschseins nicht mehr durch eine autoritative Instanz bestätigt werden, nicht zuletzt aufgrund der vermehrten Einbürgerungen. Jeder Bezeichnung als *Nichtdeutscher* kann jetzt von jedem, der sich als Deutscher bezeichnet (unabhängig davon, ob er sich so fühlt oder nicht, die deutsche Staatsbürgerschaft besitzt oder nicht), widersprochen werden. Mit welchem Kriterium könnte man den Widerspruch für ungültig erklären? Da kann sich selbst Fatih Zingal, der Vorsitzende der türkischen UID (Union of international Democrats), das als »Sprachrohr von Erdoğans AKP« gilt, in der Nachrichtensendung ZDF-Heute vom 29.5.2023 gleich nach den Türkei-Wahlen die Aussage erlauben:

> »Herr Erdoğan hat es tatsächlich geschafft, die Deutschland-Türken sowohl intellektuell als auch emotional anzusprechen. *Wir,* als Deutsche, sollten versuchen, das Beste aus diesem Ergebnis zu machen.« (ZDF 2023)

Hunderttausende Türken in Deutschland entscheiden mit über den Wahlausgang in der Türkei, sie feiern hier ausgelassen auf den Straßen Erdoğan als »den Größten/Besten«, rufen »Türkiye, Türkiye«, nehmen aber gleichzeitig unumwunden in Anspruch, als Deutsche zu sprechen, ohne dass ihnen das abgesprochen werden kann.

Zurück zu unserem *Alman*. Die Unterscheidung *Deutsch/Nichtdeutsch* ist insofern uneindeutig geworden als zumindest nicht mehr klar bestimmt werden kann, wer *kein* Deutscher ist. Wer hingegen Deutscher ist, bleibt scheinbar weiterhin unstrittig. Offenbar herrscht diese Unentschiedenheit auch in der Selbstreferenz, die im Verhältnis zum

Deutschen bestimmt wird: Man sagt nicht »Ich bin kein Deutscher«, aber auch nicht, dass man ein Deutscher ist, obwohl das wiederum im Falle einer Verweigerung durch die Deutschen doch noch in Anspruch genommen werden kann. In dieser Befindlichkeit taucht *Alman* als eine halbernste Antwort unter neuen Figurationsverhältnissen auf: Es ist nicht die einzig mögliche, aber eine mögliche Antwort. Wer weiß, die *Almans* finden möglicherweise an dieser Verfremdung Gefallen, weil eine bereits bestehende Differenz, die nicht selten mit Spannungen einhergeht, im Gebrauch selbst entschärft wird. »Wir Deutsche« klingt doch sehr ernst für diejenigen, die in Sachen Zugehörigkeiten sensibel geworden sind. Wer sind dann die anderen? Sind sie denn keine Deutschen? »Wir Almans« bzw. »ihr Almans« geht durchaus mit einem Schmunzeln einher – ganz ähnlich wie »Bio-Deutsche«. Ist also *Alman* die humoristische Lösung, auf die wir warten?

Es ist nur eine Scheinlösung für das nichtlösbare Problem der genauen Zuordnung. Schein bedeutet hier nicht wie im dichotomischen Verhältnis zum Wesen etwas, das fehl am Platz ist und durch das Richtige ersetzt werden sollte. Das eigentliche Problem besteht hier nicht darin, ob wir die richtige Lösung finden, sondern in der Erwartung, es mit einem lösbaren Problem zu tun zu haben, das mit einer adäquaten Benennung aus dem Weg geschafft werden könnte. In einer solchen Lösungserwartung schwingt eine Sprachmagie mit, die in der diversitätsbewussten Gesellschaft in vielen Bereichen um sich greift. Der diskriminierungssensible Geist der Diversität hält sich über Techniken der Verzauberung auf Trab. Vielleicht sollten wir die Zuordnungsprobleme nicht so hochhängen, zumindest nicht prinzipiell, sondern nur situationsabhängig. Erst recht sollten wir nicht eine saubere Benennung zur Bedingung einer anerkennenden Kommunikation machen. So kann man sich viel Ärger ersparen. Asylant, Migrant, Flüchtling, Geflüchtete: Wie sehr wird darum gekämpft, eine nicht ausschließende Bezeichnung zu finden, wobei die materiellen Probleme der betreffenden Gruppe von den Sprachspielen vollkommen unberührt bleiben.[13]

Wer spricht von *Alman*? Sind es diejenigen Migrantenkinder, die sich ohne Weiteres auch als »Nichtweiß« bezeichnen würden oder dies bereits tun? Zu den letzteren gehören die Teilnehmer der WDR-Sendung *Wie redest du?!*. Ich bezweifle aber, dass diejenigen Migrantennachfahren, die den Ausdruck *Alman* geprägt haben und benutzen, sich ihrerseits als »People of Colour« bezeichnen. Es handelt sich um unterschiedliche soziokulturelle Milieus. Es ist eher so, dass *Alman* seine Herkunft in den unteren, bildungsfernen Schichten hat und gerade deshalb von den neuen Bildungsbürgern – deutschen wie nichtdeutschen – wie ein Hype konsumiert wird. Es ist ein weiteres Wort im Wortschatz der Bildungsfernen mit gemeinschaftlicher Nähe zu *Bruda* und *Schwesta*, während die Referenz auf Hautfarbe (»Weiße/Nichtweiße«) eher auf die Milieus der bildungsnahen Mittelschichten zutrifft. Letztere sind primär sozialwissenschaftlich informierte, nicht selten künstlerisch und literarisch tätige Menschen. Sie sind es auch, die Verteilungskämpfe um/mittels Diversität ausfechten (Koschorke 2021). *Alman* wird daher nicht die Chance haben, über die

13 Eine persönliche Bemerkung: Als ich 1988 politisches Asyl in Deutschland beantragte, bekam ich den Status »Asylant«. Schon damals wollte man den Begriff nicht mehr verwenden, weil »Asylant« negative Konnotationen wie Spekulant, Intrigant, Querulant habe. Mir hat das Negative daran nie eingeleuchtet. Ich war doch jemand, der buchstäblich um Asyl (Zuflucht, ein Obdach, eine Freistatt) angesucht hatte. Durchgesetzt hat sich dann zunächst der Alternativvorschlag: »Flüchtling«, angeblich erhaben über zwielichtige Konnotationen. Heute steht er wiederum unter Verdacht, die Menschen auf das Fluchtmoment zu reduzieren. Kann denn irgendjemand ernsthaft erklären, warum das gleiche nicht für den alternativen Ausdruck »Geflüchtete« gilt, der sich durchgesetzt hat? Fast verzweifelt möchte man rufen: Kinder, geht doch spielen. Leider weiß ich, dass es nicht alleine Kinder sind, die solchen Spielereien nachgehen, sondern auch die Behörden, die hier mittun.

parodierenden Nachahmungshandlungen in Comedy, Film und Literatur hinaus politische Effekte zu erzeugen, mit denen sich soziale Gruppen in einer dergestalt reflektierten Migrationsgesellschaft verorten. »Nichtweiß/BiPOC« ist ein Singularitätsmerkmal mit Erfolgsaussichten im Feld der Aufmerksamkeitsökonomie.[14] Woher bezieht aber, so fragen wir erneut, die Hautreferenz ihre Kraft, künftig auch bei denjenigen Migrantennachfahren, die sich bislang nicht über diese Achse definiert hatten – weder von sich noch von den »Weißen« aus – Deutungsmacht zu erlangen? Eine mögliche Antwort führt über eine andere Form der Selbstbezeichnung: die des Bindestrich-Deutschen. Ihr Gebrauch ist wie der Begriff *Alman* ebenso verbreitet, jedoch nicht im parodierenden Sinne.

## *Von der verkannten Kraft des Bindestrichs*

Die »Weiße/Nichtweiße«-Unterscheidung ist herkunfts*unspezifisch*. Das ist bereits vielsagend. Herkunft verschwindet nicht, lässt sich aber auch nicht ohne Weiteres in Gebrauch nehmen. Es gibt durchaus Bindestrich-Identitäten wie deutsch-türkisch oder deutsch-italienisch, die eindeu-

14 Eine weitere persönliche Anekdote: Eine russische Kollegin, Professorin an einer deutschen Universität, sprach in ihrem Beitrag auf einer Tagung wie auch im persönlichen Gespräch von den Deutschen als »Weiße«. Russisch nenne ich sie deshalb, weil sie tatsächlich Russin ist, auch nach über 30 Jahren weiterhin nur die russische Staatsbürgerschaft besitzt, obwohl sie Anspruch auf die deutsche hätte. Sie warf mir gar vor, dass ich mit meiner deutschen Staatsbürgerschaft ihr gegenüber privilegiert sei. Der Vorwurf kam, als ich, nicht zuletzt auf ihre tatsächlich sehr helle Hautfarbe bezogen, sagte: »Weißer als du geht es ja gar nicht, liebe Kollegin.« Derartige Begehrlichkeiten, »Nichtweiß« sein zu wollen, und die Deutschen als »Weiße« zu bezeichnen, um die eigene, scheinbare Unterprivilegierung zu unterstreichen, kommen tatsächlich auch von denen, die man ohne Weiteres zu den »Weißen« rechnen dürfte. Als arm an Privilegien können sie auch nicht bezeichnet werden.

tig herkunftsspezifisch und im Vergleich zu den bereits angesprochenen stärker im Gebrauch sind. Das Spezifische daran wäre, dass eine Differenz zwar nicht verschwiegen, aber in der Praxis gewissermaßen neutralisiert oder zumindest mit Blick auf die Effekte offengehalten wird.

Die Bindestrich-Identitäten bilden von sich aus keine Konkurrenz zu »Weiß/Nichtweiß«. Umgekehrt wird aber ihr Sein und ihr sprachlicher Gebrauch von hier aus in Frage gestellt. Eine Zukunftshypothese: Je weiter und breiter sich die Hautfarbenreferenz durchsetzt, desto weniger werden wir künftig von Bindestrich-Deutschen sprechen. Je schwieriger es wird, Herkünfte an- und auszusprechen, desto mehr wird man auf »Weiß/Nichtweiß« zurückgreifen. Die Karriere von »Weiß/Nichtweiß« kann nur auf Kosten von Bindestrich-Identitäten erfolgen. Was aber werden die Folgen eines solchen Wechsels sein? Und mit welchen Affektlagen lassen sich die Beschreibungen jeweils verbinden?

Die Bindestrich-Identität ist eigentlich ein verlegener Versuch, die Unentschiedenheit bei einer unentscheidbaren Sache einzusehen, sie auf Dauer zu stellen und ihr damit die Schärfe zu nehmen. Deutsch-Türke, Deutsch-Russe oder Deutsch-Italiener greifen die Herkunft (Migrationsgeschichte) als Positivität auf. Positivität bedeutet hier, dass die Bindestricht-Identität, die dem Deutschen angefügt wird, eine Gegebenheit ist. Affektiv neutralisiert kann die Bindestrich-Identität nicht sein. Mit Erdoğan-Wählern kommt das Deutsche des »Deutsch-Türken« an seine Grenzen, wenn es auch weiterhin durchaus gebräuchlich ist: »Deutsch-Türken haben mehrheitlich Erdoğan gewählt.« Die Bezeichnung wird vermutlich nur deshalb weiterhin verwendet, weil die bewusste politische Entscheidung für Erdoğan, die erwachsene Menschen aus freien Stücken treffen, nicht als Entscheidung politischer Subjekte betrachtet, sondern mit mangelnder Anerkennung und Diskriminierung erklärt wird (bspw. Deutschlandfunk.de 2023). Wären sie anerkannt, würden sie, so die Theorie, Erdoğan nicht wählen. So bewahrt man die positive Komponente der Bezeichnung Deutsch-Türke selbst im Falle einer Entscheidung, die dem Deutschlandbezug Hohn spricht.

Umgekehrt darf das Türkische am »Deutsch-Türken« nicht expressiv gefeiert werden – zumindest nicht ohne Irritationen. Schaut man sich bekannte Deutsch-Türken an, beobachtet man fast nie eine positive Affirmation des Türkischen als inhaltlich gefüllter Identität. Die Schriftsteller Zafer Şenocak und Feridun Zaimoğlu, die lange für Bindestrich-Deutsche Modell gestanden haben, stehen nicht im Verdacht, in der BRD eine Politik des Türkentums verfolgt oder damit in Verbindung gestanden zu haben. Auf die türkischen Nationalisten wie die Fundamentalisten findet wiederum die Bindestrich-Identität keine Anwendung. Dort genügt der Verweis auf Türkisch vollkommen: »Türkische Graue Wölfe«, »türkische Milli Görüs«, und nicht »deutsch-türkische Graue Wölfe« bzw. »deutsch-türkische Milli Görüs« oder auch »deutsch-türkische DITIB«.

Das ist durchaus verständlich, da der Bindestrich eine doppelte Funktion ausübt: Zum einen stellt er sich einer möglichen semantischen Ausgrenzung entgegen. Indem das Deutsche der fremdethnischen Bezeichnung vorangestellt wird, sendet man das Signal, dass die Person symbolisch integriert ist. Während die Ausdrücke »die Türken, Griechen, Italiener« etc. während des Gastarbeiterregimes und darüber hinaus noch als sachliche Bezeichnungen gelten konnten, kann man sich einen solchen Sprachgebrauch heute schwer vorstellen. Referenzen ohne Bindestrich stehen hingegen oft in negativen Zusammenhängen: »Die Türken wollen sich nicht integrieren.« Das Deutsche markiert also den symbolischen Eintritt in die semantische Gemeinschaft. Vielleicht ist das Deutsche der Bindestrich-Identität weniger die zweite Seite der Identität als vielmehr eine Plattform, auf der die Personen mit je spezifischer Zugehörigkeit platziert werden. Zum anderen sichert man sich mit dem Bindestrich auch gegen den Assimilationsverdacht ab. Dieser könnte naheliegen, wenn es keine Referenz auf die spezifische Herkunft gibt und das Deutsche alleine dastehen würde. Überhaupt wäre dann keine spezifische Referenz möglich. Ein Beispiel: »Deutsche Jugendliche haben in Neukölln an Silvester Polizisten angegriffen«. So etwas dürfte auch Franziska Giffey im Blick gehabt haben, als sie von den »Berliner Jungs« sprach. In anderen Zusammenhängen könnte man aber auch an die junge Alternative der AfD denken.

Ich bin der Ansicht, dass die Bindestrich-Form zu Unrecht belächelt wird. Man denkt bei ihr an eine nichtssagende Formel, die weder Fisch noch Fleisch ist. Sie wird die Gemüter niemals bewegen. Man kann ihr im Geiste der gegenwärtigen Empfindlichkeitskultur gar vorwerfen, sie simuliere eine Gleichheit, die es in den vermachteten Beziehungen einer strukturell rassistischen Gesellschaft nicht geben kann. Sie neutralisiert die Macht- und Dominanzverhältnisse, die zwischen der Mehrheitsgesellschaft und den Minderheiten besteht. Und wenn wir noch einen Schritt weitergehen, unterscheidet sie nicht zwischen verschiedenen Migrantengruppen, zwischen denen, die zu den »privilegierten Weißen« gehören und den »rassifizierten Nichtweißen«. Dadurch würde der bestehende Unterschied an Zugehörigkeiten verdeckt.

Ist die Bindestrich-Identität mehr als eine Verlegenheitslösung, die sie fraglos war? Letzteres ist gerade kein Mangel, im Gegenteil: Genau das zeichnet sie aus. Die Bindestrich-Identität drückt eine Verlegenheit in der Bestimmung der Identitäten aus und gerade deshalb soll sie hier gewürdigt, sollen ihre Vorzüge herausgestellt werden. Deutsch-Italiener, Deutsch-Kameruner, Deutsch-Türke u. v. m., bisweilen auch Deutsch-Deutscher: Man hat gleich den Eindruck, dass der Bindestrich eine positive Funktion erfüllt.[15] Er

15 Anders hingegen »Standard-Deutsche« bzw. »Copyright-Deutsche« (Mecheril), dem gleich sein Sein kritisch vorgehalten wird. Der Deutsch-Deutsche ist der beste Beleg für die hier vertretene These, dass die Zugehörigkeiten nicht eindeutig bestimmt werden, ohne dass die Einzel-

hält zwei eigenständige Teile, die eigentlich auch ohne Zusammengehörigkeit bestehen können, in der Schwebe, verbindet sie zu einem Ganzen: ein Bindestrich als Garant sozialen Friedens, bereits materialisiert an jeder Person mit Bindestrichidentität. Benennt man sie nicht, fällt die Gesellschaft auseinander. Dieser Gedankengang wird auf die Person bezogen nochmal emphatisch vertieft. Man nimmt die besten Seiten aus beiden (Kulturen): Großartig, möchte man rufen, die Verkörperung der Multikulturalität am und im Leibe eines Individuums. Auch das ist eine Verlegenheitserklärung, die man zumindest inhaltlich nicht für bare Münze nehmen sollte. Gleichwohl hält sie den Schein aufrecht, dass wir uns aus freien Stücken für beide Identitäten/Kulturen entscheiden können. Dieser Schein kann ruhig gewahrt bleiben, weil hinter dieser Aussage imaginär die gegenteilige Vorstellung lauert, auf die der Schein antwortet: dass man eben nichts von der deutschen Kultur übernehmen wolle oder umgekehrt die ursprüngliche Kultur verlieren, wenn nicht gar verraten würde. Hat unsere Kultur, die derart auf Authentizität gepolt ist, noch etwas übrig für den Schein?

Gemeinhin geht man davon aus, dass der Bindestrich einen positiven Akt vollführt. Ich möchte eine andere These vertreten. Es ist ein Irrtum, die Integrationskraft des Bindestrichs in dem positiven Akt zu sehen, zwei bestehende Teile miteinander zu verbinden. Vielmehr bekleidet der Bindestrich eine Lücke, die sich zwischen den zwei Identitäten auftut. Das Individuum richtet sich, ohne sich dessen bewusst sein zu müssen, in diesem Zwischenraum ein. Auch das Umfeld erkennt die wahre Funktion des Bindestrichs

zugehörigkeiten dadurch ihre Bedeutung verlören. Man kann sie für eine absurde Verdopplung halten, das würde aber der Sache nicht gerecht. Es wird eine geschichtlich fundierte Norm mit tatsächlichem Mehrheitsverhältnis markiert, ohne dass die »Abweichler« dadurch an ihrem Wesen abgewertet würden. Ja, die Identität der Minderheiten wird in diesem Zusammenhang am »Deutsch-Deutschen« gemessen. So what?

nicht, weil man diese wechselseitige Rückversicherung benötigt: Er ist beides, er bringt beide Identitäten zusammen. Kein Grund zur Sorge, so signalisiert er, es sieht gut aus für das Zusammenleben. Es ist paradoxerweise dieses Nichtwissen, das für die Integration beider Teile sorgt. Anders ausgedrückt: Der Bindestrich ist keine positiv-positive, sondern eine negativ-positive Bindung. Negativ meint hier nicht Ablehnung, sondern die Leerstelle, die verbindet (positiv), indem sie die beiden zugleich in ihrer sozialen Wirkung entkräftet, um Platz für diverse alltägliche Begegnungen zu schaffen, die nicht in der Identitätslogik aufgehen, ja oft auch ohne sie funktionieren.

Die Bindestrich-Form ist eine Antwort auf den sozial gegebenen Zwang, sich und die anderen über Zugehörigkeiten zu definieren und dann einzuordnen. Sozial gegeben heißt dieser Zwang deshalb, weil er nicht von bestimmten Individuen oder Gruppen ausgeht. Ihm liegt keine bewusste Entscheidung zugrunde. Niemand ruft ihn auf, obwohl es Individuen und Gruppen sind, durch die hindurch sich der soziale Zwang artikuliert. Diese sind aber selber diesem Zwang ausgesetzt. Gleichzeitig hält diese unbewusste Antwort mit dem Bindestrich einen unausgesprochenen Sinn dafür aufrecht, dass es eigentlich nicht auf den Inhalt der Bezeichnung ankommt, sondern auf den Gestus, auf das Bezeichnen als solches. Man spielt ein soziales Spiel mit, das sich niemand ausgedacht hat, dem sich aber auch niemand gänzlich entziehen kann. Im Bindestrich wird der Anforderung, sich zu erklären, formell Genüge getan, ohne dass daraus ein politisches Programm hervorgeht oder sich konkrete Ansprüche ergeben. Erst wenn ein Beleg auftaucht, der dem programmatischen Schein der Vermittlung beider Identitäten widerspricht, wie es bei der Özil-Affäre der Fall war, rückt die Frage nach der Aufrichtigkeit der Bindung in den Fokus: Sie kann jetzt angezweifelt werden. Der Nationalspieler Gündoğan, der sich zusammen mit Özil mit dem türkischen Präsidenten hat ablichten lassen, wurde nachträglich von diesem Zweifel freigesprochen, weil er sich reumütig zeigte. Er durfte seinen Bindestrich behalten. Özil hingegen hat ihn verwirkt bzw. von sich aus aufgegeben. Seitdem spricht man auch nicht mehr als Deutsch-Türke von ihm. Er braucht ihn seinerseits auch nicht, da er seinen Platz neben Erdoğan gefunden hat. Das war dann allen klar, als bekannt wurde, dass er sich auch noch das Symbol der Grauen Wölfe auf den Leib hat tätowieren lassen. Thomas Hürner von der Süddeutschen Zeitung zog hier einen Schlussstrich: »Damit wendet er sich endgültig von seinem Heimatland ab – und von einer Menge Menschen, für die er einst ein Vorbild war.« (Hürner 2023) Ein Grauer Wolf kann unmöglich ein Bindestrich-Deutscher sein; selbst die liberalste Variante des Deutschen kennt Grenzen.

Abgesehen von solchem Bindestrich-Test mit negativen Folgen wie bei Özil, evoziert die Bindestrich-Antwort im Normalfall vergleichbare Gefühle nicht. Das ist ein weiterer Vorzug. Die Bindestrich-Identität erledigt die stark emotionalisierende Frage nach Identität formalistisch. Schließlich ist eine weitere Eigenschaft gegenwärtig von existenzieller Bedeutung für den Fortbestand der Bindestrich-Identitäten: Die Bindestrich-Form lässt auch die Frage nach Diskriminierung offen. Sie entscheidet sich nicht von vornherein für eine Perspektive, in der die Bindestrich-Deutschen strukturell und alltäglich und institutionell diskriminiert sind und daher prinzipiell als marginalisierte, vulnerable Gruppen thematisiert werden müssen. Anders gesagt: Für sie ist Diskriminierung kein privilegierter Referenzpunkt, aber prinzipiell ausgeschlossen werden muss sie gleichwohl auch nicht. Diskriminierungskritik kann also durchaus von einer Bindestrich-Identität aus oder mit Bezug auf sie formuliert werden. Gerade der Bindestrich liefert ja mitunter die Grundlage dafür, dass etwas als ungerecht empfunden wird. Die Kritik gehört aber nicht zum Kern der Bezeichnung. Das Verhältnis zwischen Bindestrich-Identität und der Diskriminierbarkeit ist äußerlich. Der Bindestrich-

Deutsche ist keinem strukturellen Rassismus ausgesetzt, er wird nicht strukturell diskriminiert; per se vulnerabel ist er auch nicht. Das Deutsche am Bindestrich ist die Gewähr dafür. Dies wird aller Voraussicht nach auch der Grund dafür sein, dass die Bindestrich-Identität den rassischen Bezeichnungen weichen wird. Warum?

Vielleicht kann man es so zusammenfassen: Die eine Bezeichnung, nämlich *Migrant*, die den *Ausländer* ersetzt hat, ist zu *unspezifisch*, zudem schleppt sie vermeintlich das Problem der Ausschließung bzw. Festlegung einer Nichtzugehörigkeit mit sich (»Du bist nicht von hier«). Das darf aber gemäß der Logik der Allinklusion der Diversität nicht sein. Zwar gab es auch Versuche, in den Migranten das verlorene revolutionäre Subjekt wiederzufinden. Das ist sogar bereits bei Herbert Marcuse angelegt. Sie haben aber nicht gefruchtet. Der Migrant ist bis jetzt noch immer kein politisches, schon gar nicht *das* revolutionäre Subjekt. Er lässt sich auch nicht in eine gezwungene Allianz der Diskriminierten mit den Ostdeutschen hineinschmuggeln, wie Naika Foroutan es versucht hat: Migranten und Ostdeutsche vs. die Mehrheitsgesellschaft (Schulz 2018).[16]

Wenn der Migrant politisch erscheint, dann zumeist nicht im Sinne der Linken: Er kann nämlich auch (und zwar in großer Zahl) als ein türkischer Faschist, muslimischer Fundamentalist oder als russischer Putin-Verehrer auftreten.[17]

**16** Ob man sich an diese Redeweise gewöhnen muss? Inzwischen sollen auch die Ostdeutschen gegenüber einer *westdeutschen Mehrheitsgesellschaft* in Stellung gebracht werden. So bemüht sich die *taz*-Redakteurin Julia Boek (ostdeutscher Herkunft) im Gespräch mit dem Soziologen Detlef Pollack (ebenfalls ostdeutscher Herkunft) eine Gemeinsamkeit über den Begriff »Mehrheitsgesellschaft« herzustellen, der sie beide gegenüberstünden und die natürlich westdeutsch ist. Pollack hat sich auf die Redeweise nicht eingelassen. (*taz* 2023.)

**17** Das scheint inzwischen für Teile der Linken kein Problem zu sein. Die postkoloniale Linke scheut sogar mit der faschistoid-fundamentalistischen Hamas keine Allianz. Entscheidend ist wohl, dass eine Bewegung gegen den Westen und dessen »Vorposten« Israel kämpft.

Abgesehen davon muss der Migrant außerdem mit dem Postmigranten rechnen, der ihn zu einer schon immer überwundenen Kategorie erklärt, weil zu viel Ortsgebundenheit mit erkennbarer räumlicher Bewegung (von dort hierhin) in der Bezeichnung enthalten ist.

Die andere Beschreibungsform, nämlich die Bindestrich-Bezeichnung ist wiederum *zu spezifisch*, sodass der Grad ihrer Verallgemeinerbarkeit für eine Solidarität der »Nichtweißen« beschränkt bleiben muss. Bindestrich-Identitäten enthalten keine vorab entschiedene Referenz auf Macht- und Dominanzverhältnisse. Das ist aber wichtig für eine Politik, die an der Herstellung eines Antagonismus zwischen Mehrheit und Minderheiten (als Fortsetzung des Kampfes zwischen »Westen« und »globalem Süden«) arbeitet. In jedem Fall eignen sich beide Gruppen von Benennungen, der unspezifische Migrant (samt Postmigrant) einerseits und die spezifischen Bindestrich-Identitäten andererseits, nicht für einen politischen Diskurs, in dem die Subjektpositionen von »Dominanten vs. Diskriminierten« verteilt und mit Repräsentationsforderungen ausgestattet werden sollen. Der Bindestrich-Deutsche ist nicht vorab vulnerabel, der »Nichtweiße« hingegen definitiv. Muss man einen politischen Diskurs auf diese Unterscheidung aufbauen? Und was wären die Konsequenzen, wenn man es tut oder eben nicht tut?

Die unaufhörliche Dynamik der Bezeichnungen sucht derzeit an der Hautfarbe Halt zu finden. Zum einen liegt das daran, dass das Territorium mobil geworden ist. Das enge Band zwischen Zugehörigkeit und Herkunft hat sich gelockert. Zum zweiten haben sich die Wertung von Stärke/Schwäche für Subjektkonstitutionen und der Stellenwert von Mehrheit/Minderheit gewandelt. Man kann von einer Ära der Minderheiten in der westlichen Welt sprechen, deren Forderungen vorab mit einem moralischen Mehrwert rechnen können, *weil* sie von den Minderheiten kommen. Einer Minderheit anzugehören, macht die Person a priori vulnerabel und folglich gerecht. Die neue Binarität »Weiße/Nichtweiße« löst sich von der nationalen Zugehörigkeit ab, um an die größere Aufteilung globalen Ausmaßes anzudocken, die die postkolonialen Ansätze bearbeiten. Sie bringt die globale Welt, den »globalen Süden« bzw. genauer gesagt den Diskurs über den »globalen Süden« durch die Repräsentanten in die nationale Gemeinschaft hinein. Das gibt übrigens einen weiteren Hinweis auf die soziokulturelle Trägerschaft dieser Diskurse. Der »globale Süden« gehört definitiv wie auch »People of Colour« und »Weiße/Nichtweiße« in den Jargon der akademischen Milieus, nicht in die Sprachgemeinschaft von *Nicht-Almans*.

### *Herkunft, Zugehörigkeit und das mobile Territorium*

Die Ausgangsfrage lautete: Welche Faktoren tragen dazu bei, dass die klassischen Identitätszuordnungen Deutsche/Nichtdeutsche oder Bindestrich-Deutsche an praktischer Relevanz für Selbst- und Fremdbeschreibungen verlieren, dafür aber die Referenz auf die Hautfarbe, »Weiße/Nichtweiße« an Bedeutung gewinnt und im Gebrauch stetig zunimmt? Der wichtigste Faktor ist vermutlich, dass sich das Band zwischen Herkunft und Zugehörigkeit zum politischen Gemeinwesen gelockert hat. Jeder, der die deutsche Staatsbürgerschaft besitzt, kann als Deutscher sprechen und handelt auch politisch als Deutscher. Er wählt und wird gewählt als Deutscher. Das hat Folgen für unser Verhältnis zum Territorium, auf dem wir leben.

Es zirkulieren nicht nur Menschen global, sondern auch das Territorium ist mobil geworden. Die Lockerung des Bandes zwischen Herkunft und Zugehörigkeit geht einher mit der zunehmenden Vielfalt der Bevölkerung durch die Zuwanderung. Mit ihr kommen Menschen, die eine Vielfalt an Geschichten mitbringen, die wiederum der Ausgangspunkt neuerer Erzählungen der Einwanderungsgesellschaft sind. Das ist zunächst einmal unabhängig davon, ob diese Geschichten aktiv abgerufen werden oder einfach schlummern. Die vielen Herkünfte und die vielfältigen Narrative können gleichwohl mit dem Anspruch auftreten, gleichwertig berücksichtigt zu werden. Es sind heute die Nachfahren der Migranten, die nun den Anspruch erheben, dass ihre Geschichten gerecht repräsentiert werden.

Gleichzeitig und im scheinbaren Widerspruch dazu läuft die Benennung der Herkünfte Gefahr, sanktioniert zu werden, weil daran die Zurückweisung der Zugehörigkeit abgelesen werden kann. Das geht so weit, dass selbst der Begriff »Migrant« skeptisch gesehen wird: Er bezeichnet denjenigen, der nicht von hier ist, zugewandert ist, dessen Hintergrund an ihm wie ein Buckel haftet, den er nie loswird. Und offenkundig versucht man ihn auch zu vermeiden und nicht anzusprechen. Als ich etwa meinen durch die Redaktion redigierten Kommentar zur Rassismus-Debatte in der *taz* vom 28. Juli 2020 las, war ich gleich über das erste Wort gestolpert: »Kinder von Eltern, die nach Deutschland gekommen sind ..., melden sich zu Wort«. Mein eingereichter Text setzte mit einem anderen, eigentlich recht harmlosen Wort ein: »Migrantenkinder melden sich zu Wort.« Offenbar ist der Begriff »Migranten« nicht zumutbar. Skurriler geht es kaum, wenn einem Migranten das Wort Migrant zensiert wird. Wie drückt sich diese zensierende Sensibilität aus, wie lässt sie sich genauer beschreiben, was erklärt sie?

In der Benennung der Migration (Hintergrund) wird stets die unmarkierte Seite als Norm betont, nämlich die Gruppe derjenigen, die nicht zugewandert sind – als wäre dies ein ernsthaftes Problem. Die Frage »Woher kommst du« wird bei der bildungsbürgerlichen jüngeren Generationen bereits als Mikroaggression registriert, auf die man gereizt reagiert (*Ich bin von hier. Hört auf zu fragen!*, Ferda Ataman). Andererseits dient die diverse Herkunft als das entscheidende Argument für Forderungen bezüglich der Repräsentationsansprüche. Wie wollen die Diversitätsagenten denn sonst ihre Forderung für Migrantenquoten in Film, Kunst, Werbung und schließlich in der Politik rechtfertigen, wenn die Referenz auf eine andere Herkunft nicht explizit gemacht werden darf? Man kann daraus folgende Schlussfolgerung ziehen: Herkunft bleibt eine relevante Größe, sie wird aber durchgestrichen. Sie darf nicht verschwinden, bleibt auch noch lesbar, angesprochen werden darf sie nicht.

Die durchgestrichene Herkunft ist eine eigentümliche Herkunft und möglicherweise typisch für westliche Gesellschaften der Gegenwart. Bei aller Auflösung der Räumlichkeit bezieht sie sich schon auf einen Ort. Unabhängig davon, ob man sich damit anfreundet oder nicht, liegt ein Territorium vor, das existiert, auf das diese Herkunft verweist. Die Herkunft (zumindest der Eltern oder Großeltern) ist nicht Deutschland, selbst wenn die Person sich hier verortet und sagt, dass sie nicht gefragt werden möchte; sonst würde man ja nicht ihre abweichende Besonderheit betonen und könnte keine spezifischen Ansprüche auf Repräsentation der Menschen mit dieser anderen Herkunft stellen. Möglicherweise ist es nicht nur nicht Deutschland, sondern auch nicht Europa, der Westen, aber eben der »weiße Westen«. Einen Holländer, weißen Amerikaner oder Dänen wird man jedenfalls nicht zu den »Nichtsichtbaren« zählen.

Es wird auf ein »Woanders«, ein anderes Territorium referiert, das aber eben nicht als dieser andere Ort bestätigt werden darf. Täte man es, wäre man ja wieder zum Ausländer erklärt worden. Hier liegt ein eigentümlicher Akt vor: Die Territorialität als Referenzpunkt der Legitimität der Forderungen tritt in den Hintergrund, verschwindet jedoch nicht. Dafür findet sie eine verschobene Artikulation mittels der Hautfarbe, dem Gesicht, dem Körper. Auf diese Weise wird sie fassbar, politisch relevant. Das ist die Erklärung, die ich für die zunehmende Bedeutung der Hautfarbenreferenz anbieten möchte.

Es sind allerdings keine spezifischen Körper mit nationalen Zugehörigkeiten (Araber, Türken etc.), sondern solche, die sich über »Weiß/Nichtweiß« bestimmt wissen wollen. Der Körper, das Gesicht, die Hautfarbe werden zum mobilen Territorium, das man überallhin mit sich trägt. Liegt hier nicht eine neue Konzeption von Territorium vor? Wenn das so ist: Werden wir dann einen Patriotismus des Gesichtes, der Hautfarbe bekommen? Auf welches Land, welche Gemeinschaft wird sich dieser Patriotismus beziehen? Ist dann nicht der mit Hautfarbe markierte Körper selbst bereits das Land, um das man vehement kämpft? Ist der neue Patriotismus die Rassismuskritik? Lauten die Liedertitel des neuen Patriotismus dann *Schule ohne Rassismus*, *Universität ohne Rassismus* etc.?

### *Der »globale Süden«*

Wir müssen uns verschiedene Varianten des mobilen Territoriums vorstellen. In der linken Version bezeichnet etwa der »globale Süden« ein Territorium, das durch die Körper der Migranten und ihrer Nachfahren mobil wird. Zwar hat man bei der Debatte über den »globalen Süden« zunächst einmal konkrete Territorien im Blick, sodass eine räumliche Verortung möglich ist. Aber er existiert keineswegs bloß an den räumlichen Grenzen des Westens. Es sind vielmehr die Geschichten des »globalen Südens«, die über Migration in die Länder des Westens Eingang finden. Wenn man an »Decolonize Europe«, die Auseinandersetzungen über die Darstellungsformen der *Kulturen der Welt (Humboldt-Forum)* oder den Streit um die Documenta, die kritische Thematisierung der bisherigen Geschichtserzählungen bis hin zu Auseinandersetzungen um die Kanon-Bildung denkt, zeugt all das davon, dass das Territorium auf vielerlei Weise in Bewegung geraten ist und dass der »globale Süden« überall sein kann.

Die Geschichten, die, so heißt es, bislang nicht erzählt worden wären, nun aber Eingang in den kulturellen Haushalt der Gemeinschaft finden sollen, sind nicht bereits bekannte Erzählungen der Araber, Türken etc. Selbst diese bekannten Geschichten werden von ihrem spezifischen geschichtlichen Inhalt abgelöst und mit der abstrakten Unterscheidung »Weiße/Nichtweiße« überschrieben. Curricula sollen nicht mehr nur »Weiße«-Geschichten erzählen. Die Publizistin Kübra Gümüşay, die in ihren Reden stets die Allianz von LGBTQ+ mit Muslimen betont, machte gleich einen konkreten Vorschlag. Auf ihrer Liste stand ein berühmter Dichter aus der Türkei: Necip Fazil Kısakürek. Nach Protesten entschuldigte sie sich allerdings. Sie hätte nicht gewusst, wer der Mann wirklich war: einer der wichtigsten intellektuellen Vorbereiter des türkischen Faschismus und Fundamentalismus des 20. Jahrhunderts, dessen Gedichte Erdoğan gerne zitiert. Gümüşays Distanzierung ist durchaus bemerkenswert:

> »An dieser Stelle des Buches ging es um die Frage, wie es für die Bewertung von Multilingualität gewesen wäre, wenn wir im Schulunterricht Autor*innen aus unterschiedlichen Sprachräumen besprochen hätten: ›Wie hätten sich meine bilingualen Mitschüler*innen – ohne Prestigesprache – entwickelt, hätten wir in der Schule neben Goethe und Schiller auch Emine Sevgi Özdamar, Nazik al-Mala'ika, Maya Angelou, Necip Fazıl Kısakürek, Hafes, Audre Lorde, Ellen Kuzwayo oder Noémi de Sousa gelesen?‹ Ich habe ihn also weder zitiert, noch als Person besprochen, sondern lediglich in einer Aufzählung genannt.«

Was ist nun schlimmer? Dass Gümüşay einen Ideengeber des türkischen Faschismus für das Curriculum vorgeschlagen hat oder dass sie sich gar keine Vorstellung von der Gedankenwelt Kısaküreks gemacht hat? Offenbar kommt es vor allem darauf an, dass jemand »Nichtweiß«, kein Europäer, kein Westler ist? Offengestanden fällt es mir schwer zu glauben, dass Gümüşay nicht gewusst haben soll, welche Ideen dieser Dichter vertreten hat. Sie ist in konservativen Milieus der Türken in Deutschland sozialisiert worden. Dort kennt man Kısakürek in der Regel. Selbst wenn wir ihr aber Glauben schenken, bleibt das grundsätzliche Problem bestehen, mit dem man es stets zu tun haben wird, wenn die Diversifizierung der Zugehörigkeit einen Wert an sich darstellt; wenn es also keine Rolle mehr spielt, ob jemand Faschist oder Demokrat ist, sondern vor allem zählt, dass nicht nur »weiße Europäer« repräsentiert werden – in Europa wohlgemerkt. Um es vorwegzunehmen: Auch die Quotenforderung funktioniert nach dieser Logik, deshalb ist sie auch in dieser Hinsicht politisch blind: Die Forderung bedeutet ja nichts anderes, als dass es offenbar irrelevant ist, ob mich ein türkischer Faschist, Fundamentalist oder ein Demokrat repräsentiert. Hauptsache, es ist kein »weißer« Deutscher; »Nichtweiße« werden eben sichtbar.

Dieser Eklat ist kein Ausrutscher. Er ist ins Herz des neuen Repräsentationsregimes eingeschrieben. An diesem Beispiel wird zugleich noch etwas anderes deutlich. Die Geschichten, die endlich erzählt werden sollen, dürfen am Ende nicht beliebig sein. Es kommen nur jene Geschichten der Unterdrückten, Diskriminierten, Marginalisierten infrage, die linken Emanzipationsideen nicht offen zuwiderlaufen.[18] So entsteht eine neue Kategorie, eine neue Gruppe, die parallel zu den Entrechteten oder Verdammten der Erde konzipiert wird: Die »Nichtweißen« sind die neuen Verdammten der Erde. Tatsächlich trägt der »globale Süden« Spuren der linken Utopien, die im Laufe der Geschichte des revolutionären Kampfes unterschiedliche Gestalt angenommen haben. Obwohl der Begriff gar nicht von dort zu stammen scheint (im Gegenteil geht er auf eine Formulierung der Weltbank zurück, um Entwicklungs- und Schwellenländer

**18** Diese These wird an der Solidarität der postkolonialen Linken mit der Hamas einer echten Prüfung unterzogen.

zu bezeichnen), scheint er seinen festen Platz im linken Jargon gefunden zu haben. An dieser Stelle kommen linke Gesellschaftskritik und Institutionen des globalen Kapitals sowie die Regierungen, die Diversitätsprogramme auflegen, überein.

Nicht der Begriff selbst, aber die Sympathie für den »globalen Süden« fügt sich ein in die lange Geschichte der grenzübergreifenden Solidarität und knüpft an eine Zeit an, als man noch von der »Dritten Welt« sprach. In beiden kommunistischen Internationalen bestand die internationale Solidarität der Völker in ihrer Solidarität im Kampf gegen die Nationalstaaten des Kapitalismus. Zur Zeit der antikolonialistischen Kämpfe hatte sich das Zentrum des globalen Widerstands gegen das Kapital bereits verschoben. Es war nicht mehr Europa, sondern es waren die kolonisierten Völker, die um ihre Unabhängigkeit kämpften. Vor allem in den 1960er und 1970er Jahren (mit Ausläufern in die 1980er hinein, wenn man an Nicaragua denkt) waren es westliche Revolutionäre und Sympathisanten, die das revolutionäre Subjekt an anderen Orten suchten. Ganz Unrecht hatten sie ja nicht. Nicht nur Herbert Marcuse sah in den Migranten, Flüchtlingen, der Dritten Welt die revolutionäre Kraft noch glühen, die im Westen erloschen war, weil sich das westliche Proletariat in die »eindimensionale Gesellschaft« restlos integriert hatte. So lebten Revolutionäre der westlichen Linken ihr Engagement durch die Solidarität mit den Bewegungen der »Dritte Welt« aus. Verglichen mit heute hatten diese Bewegungen selbst den Anspruch der Emanzipation.

Interessant ist aber, dass der Begriff »Dritte Welt«, folgt man der klugen Bemerkung von Hannah Arendt, im Grunde genommen nach dem Denkmuster der Kolonialmacht geprägt war. »Afrika, Asien, Südamerika – das sind Realitäten«, sagt Arendt. Misst man sie an Europa und Amerika, rückt die Unterentwicklung ins Zentrum des Vergleichs, die sie im Kontrast zu Europa und Amerika gemeinsam hätten. Die Welt wird dabei von Europa aus sortiert, wie es bereits die Kolonialisten getan hatten. Man übersehe dadurch »die unendliche Vielzahl von Dingen, die sie unter sich *nicht* gemeinsam haben« (Arendt 1970: 116). Das gleiche Problem war uns bei der auf Hautfarbe bezogenen Beschreibung von Zugehörigkeiten begegnet. Die »Weiße/Nichtweiße«-Unterscheidung konstruiert Gemeinsamkeiten von zugewanderten Minderheiten im Kontrast zur Mehrheitsbevölkerung. Die Rede vom »globalen Süden« lässt sich in die gleiche Denktradition einbetten.

Ein Unterschied darf allerdings nicht vergessen werden. Die »Dritte Welt« stand, wohl auch als Ideologie, anfangs lange neben der Unterentwicklung *auch* als Modell für eine unbeugsame, kämpferische Welt. Westliche Revolutionäre schauten zum Widerstand der stolzen Revolutionäre auf, sie gingen in diese Länder (z. B. Kuba oder auch Palästina), um dort den revolutionären Kampf zu trainieren. Der »globale Süden« wurde hingegen bereits als Betreuungsfall geboren. Er wird von seinem strukturell angelegten Leiden, seiner generellen Verwundbarkeit und Schwäche und nicht von seinem Potenzial oder seiner Stärke her definiert. Ihn bestimmen ökonomische Armut, Fluchtbewegungen, katastrophale Folgen des Klimawandels etc.

Gehört zum globalen Süden auch Unterdrückung, autoritäre Herrschaft, Korruption? Ist da noch Platz für autoritäre, halbkriminelle, faschistische und fundamentalistische Bewegungen? Der Ausdruck scheint von diesen Übeln bereinigt zu sein. Sie sind andererseits so real, dass man sie gar nicht ernsthaft ignorieren kann. Eine Möglichkeit, sie zu erklären, bestünde noch: Gehen diese Übel vielleicht auf die Hegemonie des Westens zurück? Ist nicht der Westen mit seinem alten und neuen Kolonialismus schuld, dauert denn nicht die *colonial condition* fort? Man kann darauf wetten, dass diese Erklärung nicht zurückgewiesen wird.

Die Hamas-Kämpfer können sich daher anstrengen wie sie wollen. Sie werden trotz der Brutalität ihrer Angriffe nie den Beweis erbringen können, dass sie keine Opfer, sondern Täter sind. Offenbar werden die Begriffe Befreiung und Emanzipation um ihren Inhalt entleert, sodass nur noch *nichtwestlich* als Bedeutung übrigbleibt. Das reicht dann für die Legitimität einer Bewegung und die Solidarität der postkolonialen Linken.

## II Tafelrunde der Einwanderungsgesellschaft

Für das Themenfeld Migration hat Aladin El-Mafaalani die vielrezipierte These vom »Integrationsparadox« (El-Mafaalani 2018) aufgeworfen. In seinem Szenario sitzen Migranten, die bislang nicht repräsentiert waren, inzwischen mit am Tisch, und zwar auf Augenhöhe. Gerade dieser Umstand, nämlich die Gleichheit, führt nun allerdings zu mehr Konflikten. Konflikte solle man aber, so El-Mafaalani, nicht als Warnzeichen für gesellschaftliche Desintegration deuten. Im Gegenteil seien sie positives Zeichen dafür, dass Integration stattfindet.

Diese These hat eine lange Geschichte und es gibt sie in verschiedenen Varianten. Bereits Alexis de Tocqueville beobachtete die ungewöhnlich hohe Sensibilität der US-Amerikaner gegenüber Ungleichheiten. Dabei waren die USA *das* Land der Gleichheit in Abgrenzung zu Europa. Für Tocqueville bestand hier kein Widerspruch, sondern das eine ergibt sich aus dem anderen. Mehr Gleichheit bedeutet nämlich keineswegs, dass man Ungleichheit weniger beklagt. Eher umgekehrt wird man jetzt erst aufmerksam auf die feineren Formen der Ungleichheit, die sonst eben nicht in den Blick gerieten.

An der Tatsache, dass das Gleichheitsprinzip der modernen Demokratien jede Ungleichheit unter Verdacht stellt, illegitim zu sein, lässt sich allerdings nicht gleich die Art und Weise ablesen, in welcher Gemütslage die Gleichheitsforderungen vorgebracht werden. Dieser Aspekt wird nach wie vor kaum ernsthaft in Betracht gezogen, wenn Minderheiten mit Diskriminierungskritik auftreten und Teile der Mehrheiten ihnen beipflichten. Hier herrscht vielmehr eine moralistische Haltung, der es einzig darauf ankommt, dass sich diejenigen endlich zu Wort melden, die bisher weder gehört noch gesehen wurden. Es wird somit von einem positiv umgedeuteten Minderheitenstatus aus argumentiert und nicht von den Praktiken her, die sich in den Forderungen ausdrücken. Damit wird eine bestimmte soziale *Lage* zu einem *Status* verdichtet. Zwar geht El-Mafaalani selbst nicht so weit, eine große Errungenschaft sei es aber, dass die Migrantennachfahren überhaupt am Tisch säßen. Handelt es sich aber bloß um eine Frage der Über- oder Untertreibungen?

Dieser vielzitierte Ansatz, der auf demokratisch bewegte Gemüter entwaffnend wirkt, hat zwei ernste Probleme, die ich hier diskutieren möchte. Dabei sehe ich von dem viel grundsätzlicheren Problem ab, dass die Gesellschaft hier vereinfachend als Tischgemeinschaft gedacht wird. Zwar sei dies eine Metapher, aber aus der Metapher wird schnell eine Gesellschaftsontologie. Die moderne Gesellschaft ist zu komplex, als dass sie in einem Tischgebet adäquat zum Ausdruck gebracht werden könnte. Das erste Problem betrifft die Frage, welche *Affekte* mit am Tisch sitzen. Das zweite, bereits in der Konfliktforschung debattierte, betrifft die Frage danach, ob sich moderne Gesellschaften über Konflikte integrieren; und falls ja, welche Art von Konflikten es ist, die Integration befördern.

## *Affekte bei Tisch*

Dass wir vermehrt mit Rassismuskritik zu tun haben, liegt in der Tat auch daran, dass immer mehr Migranten – in der Sprache der Rassismuskritik ausgedrückt: »Nichtweiße« – in diversen gesellschaftlichen Bereichen präsent sind. Vor allem handelt es sich um Berufszweige, in denen die Kommunikation und somit die Sprache im Fokus stehen. Zu den neuen Mittelklassen, die nach Reckwitz Träger der Singularitätskultur sind und sich durch eine gesteigerte Sensibilität auszeichnen (Reckwitz 2019), gehören inzwischen mehr und mehr auch Nachfahren der Migranten. Nicht nur sie, sondern selbst Neuzuwanderer treten bereits trainiert in der Kultur der Empfindlichkeit auf. Das kann man an Fällen gut studieren, die gar nicht dramatisch und höchst alltäglich sind. In ihrer Bachelor-Arbeit lässt eine Studentin junge Syrer zu Wort kommen, die als Flüchtlinge nach Deutschland gelangten. Ein 21 Jahre alter Syrer klagt über das Lob, das er für seine offenbar guten Sprachkenntnisse erhält:

> »[W]enn zum Beispiel die Leute zu mir sagen: ›Oh, du sprichst aber gut deutsch!‹ Das ist auch rassistisch, aber halt indirekt. Die nehmen das einfach anders wahr, als wir vielleicht.« (Köster 2023: 21)

»Du sprichst aber gut Deutsch«, das verletzt den 2015 nach Deutschland Gekommenen, er fühlt sich rassistisch diskriminiert. Zumindest in dieser Hinsicht, der neuen Kultur der Empfindlichkeit, scheint er sich rasch sehr gut integriert zu haben. Dieses vermeintlich randständige Thema ist dahingehend signifikant, dass sich die Auseinandersetzungen über den »alltäglichen Rassismus« genau um solche Fragen drehen. Auch ich wurde früher häufiger in ähnlicher Weise gelobt. Nun, zwei ehemalige Ausländer, gar zwei Flüchtlinge mit entgegengesetzten Affektlagen – sie eignen sich hervorragend, um die Verschiebungen in der Affektökonomie der Einwanderungsgesellschaft zu studieren. Affekte sind nicht geschichtslos. Robert Pfaller spricht davon, dass unterschiedliche Epochen auch unterschiedlich empfänglich für Ressentiment sind (2017: 123). Unsere Zeit scheint ihm wie mir besonders günstig für die Ausbildung des Ressentiments.

»Du sprichst aber gut Deutsch.« Der Sprecher will möglicherweise, so liegt es jedenfalls zunächst einmal nahe, seine Wertschätzung ausdrücken. Schließlich dürfte man an dem Akzent des Syrers erkannt haben, dass er nicht hier geboren oder sozialisiert worden ist. Das ist der manifeste Gehalt der Aussage. Nun könnte man einen latenten Gehalt vermuten, dazu hält uns die Mikroaggressionen-Theorie an. Das wohlmeinende Lob kann diskriminieren, weil es unterstreicht, dass die Person nicht von hier stamme und ihr deswegen die Zugehörigkeit abgesprochen werde. Aber das entspricht ja durchaus den Tatsachen: Sie stammt eben nicht von hier.

Ich selbst habe mich jahrelang über das Lob meist gefreut. Schließlich ist mir Deutsch nicht in den Schoß gefallen. Ich habe mir die Grundlagen unter widrigen Bedingungen während meiner Gefängniszeit nach dem Militärputsch von 1980 selbständig beigebracht. Tatsächlich konnte ich mich bereits nach meiner Ankunft in Deutschland ziemlich korrekt ausdrücken – dafür im Alltag eher ungelenk, Bücher-Deutsch eben. Diese seltsame Kombination aus *verhältnismäßig* fortgeschrittener Korrektheit in der Grammatik einerseits (abgesehen von unaufhebbaren Fehlern im Artikelgebrauch), einem erkennbaren Akzent sowie einer kurzen Aufenthaltsdauer hat vermutlich dazu beigetragen, dass das Lob angemessen war. Im Gegensatz zum jungen Syrer betrachtete ich die Situation zunächst von meiner eigenen Leistung her. Ich war derjenige, der etwas geschafft hatte, was im Gespräch von meinem Gegenüber gewürdigt wurde. Ich war zudem auch nicht jemand, der ihm ausgesetzt war. Der andere war nicht mein Peiniger, sondern ein Gesprächspartner in einer offenen Situation, die sich je nach Verlauf in verschiedene Richtungen entwickeln konnte. Wer sich mit einem Ausländer auf ein Gespräch einließ, hatte in der Regel keine bösen, sondern gute Absichten, jedenfalls irgendein Interesse an ihm. Vulnerabilität stand damals im Deutungshorizont nicht zur Verfügung – und das empfinde ich nach wie vor als großes Glück.

Der junge Mann aus unserem Interview hingegen betrachtet die Interaktion offenbar so, dass er grundsätzlich dem anderen ausgesetzt ist, sich in einer Position der Vulnerabilität befindet, in der der andere primär als sein Peiniger auftritt. Mit Robert Pfaller könnte man fragen, wie die »anderen zu unseren Bestien werden« (Pfaller 2017: 112 ff.). So kann ein wohlwollendes Lob nicht in Frage kommen. »Alles verletzt. Mensch und Ding kommen zudringlich nahe«, sagt Nietzsche, um das Ressentiment zu beschreiben (Nietzsche 1999a: 272). Nicht dass ich dem jungen Mann deswegen schon Ressentiment attestiere. Aber die psychopolitische Befindlichkeit, in die er hineinwandert, wird durch Ressentiment geprägt. Während für mich klar war, dass ich ein Ausländer war, gehört inzwischen jeder sofort zum Gemeinwesen. Jeder Hinweis, der die Person irgendwie herausnimmt und seine Besonderheit betont, kann so gedeutet werden, dass man ihr diese Zugehörigkeit verweigert.

Natürlich habe ich das Lob nicht immer wörtlich genommen. Es ist ja auch Teil eines Kommunikationsrituals, ein höflicher Gestus, der als solcher unabhängig von dem propositionalen Gehalt seinen Wert hat. Ob die Person es wirklich so meint oder nicht, es eröffnet sich ein symbolischer Gabentausch, in dem Nähe gesucht wird. Oft habe ich das Lob tatsächlich als reine Höflichkeitsgeste empfunden, die ja auch absolut in Ordnung ist. In der Kultur der Authentizität werden solche Gesten hingegen nicht gewürdigt. Höflichkeit, Diplomatie, Taktgefühl, das alles sind Instrumente, die für Vergesellschaftung sorgen, ohne dass wir von der Gemeinschaft vollauf in Anspruch genommen werden. Um diese Erkenntnis drehen sich die Reflexionen von Helmuth Plessner in seinem Buch *Grenzen der Gemeinschaft*. Er warnt vor überbordenden Gemeinschaftsansprüchen, die schon in den 20er Jahren der Weimarer Republik die Gemüter erhitzt hatten – mit den bekannten fatalen Folgen. Man könnte auch sagen, dass die Weimarer Republik nicht nur am Mangel an Demokraten zugrunde gegangen ist, sondern auch an zu viel Gemeinschaft. Die aktuelle Rassismuskritik scheint ihrerseits keinen Sinn für Gesellschaft zu haben; sie denkt von der Gemeinschaft aus, in der die Liebe das Gebot ist.

Das Lob »du sprichst aber gut Deutsch« kann man also alternativ als einen Akt betrachten, der in einem Gabentausch vollzogen wird. Man beschenkt sich gegenseitig, um ein Gespräch anzufangen und weiterzuführen. Das ist schließlich seine von Marcel Mauss eingehend analysierte Funktion: eine Beziehung zu stiften und sie durch wechselseitige Offerten, die zugleich immer Aufforderungen für Gegengaben sind, aufrecht zu erhalten. Wie jeder Gabentausch ist das eine riskante Unternehmung. Man kann sich nie sicher sein, ob die Gabe, die man gerade entrichtet, auch wirklich gut aufgenommen wird. Wie jeder Höflichkeitsgestus kann das erfolgreich sein, daneben gehen oder auch einfach nerven.

Übrigens, nicht jeder Deutsche hat damals dieses Spiel des symbolischen Tauschs von Höflichkeiten mitgespielt. Viel gängiger war der unfreundliche Satz: »Lern erstmal richtig Deutsch!«. In diesem Fall war man trotzdem nicht diskriminiert, auch nicht gleich verletzt, sondern einfach verärgert. Die Zeiten ändern sich, und mit ihnen auch die Empfindlichkeiten.

Nun kommt ein solches Lob nicht ausschließlich, aber häufig von den älteren Generationen. Sie haben lange mit Ausländern bei der Arbeit und in der Nachbarschaft zu tun gehabt, die eben kaum Deutsch sprachen. Das prägt das Bild, das man von den anderen hat. Diese Tatsache wird vergessen, wenn Migranten von den Deutschen in abstrakten Kategorien sprechen statt konkrete Beziehungszusammenhänge in spezifischen sozialen Situationen zu berücksichtigen. Unabhängig von dieser generellen Lage bleibt natürlich einem jungen Flüchtling, der erst seit einigen Jahren hier lebt und schnell Deutsch gelernt hat, das Lob nicht erspart, dass sein Deutsch gut sei. Man muss eben auch in der Lage sein, mit den unerfreulichen Folgen der eigenen Leistung zu leben.

Die Affektlage, die ich hier mit einem banalen Beispiel aus dem Alltag geschildert habe, ist typisch für unsere Gegenwart, die von der Vulnerabilität aus erfahren wird. In einem laufenden Forschungsprojekt befasse ich mich zusammen mit meinem Kollegen Özkan Ezli mit *Gefühlskulturen in der Migrationsgesellschaft*.[19] Dabei gilt unser Interesse ins-

19 Das Projekt ist Teil des Verbundprojektes *Ressentiment als affektive*

besondere dem *Ressentiment*. Auf unsere Frage nach Diskriminierung erfahren wir von unterschiedlichen Umgangsweisen. Wir begegnen bestimmten Typen von Deutungen, die wir mit einer Ressentiment-Moral in Verbindung bringen. Bei meinem ersten Beispiel handelt es sich um einen erfolgreichen jungen Muslim türkischer Herkunft. Er ist im Vorstand einer Moschee in einer mittelgroßen deutschen Stadt, die Moschee liegt zentral in einem beliebten Stadtteil. Der junge Mann sitzt ohne Zweifel mit am »Tisch der Gesellschaft«, sowohl beruflich als auch in seiner Religionsgemeinschaft. Auf die Frage, ob man den Islam in Deutschland ausleben kann, antwortet er:

> »Ich sage mal so, um auf die Frage nochmal zurückzukommen, ob man in Deutschland den Islam ausleben kann? Ja [Pause], in den eigenen vier Wänden, sage ich jetzt mal [Er lächelt bei diesem Satz]. Darüber hinaus muss man wirklich aufpassen, wie man sich eigentlich in der Öffentlichkeit verhält.«

Eine übliche, diskriminierungskritische Deutung dieser Aussage würde das Augenmerk auf die Empfindung legen, die uns die Person mitteilt. Gemäß dem Motto »Betroffenen zuhören« würde man die Aussage selbst nicht weiter hinterfragen und sie ernst nehmen. Andernfalls könnte das sogar einen Rassismusvorwurf nach sich ziehen: »Was weiße Menschen über Rassismus nicht hören wollen« (Hasters 2019). Was zählt, ist das versprachlichte Gefühl, das hier als Kriterium für die Wahrheit der Aussage dient.

Diese Empfindung der Kränkung lässt sich von den objektiven Gegebenheiten nicht irritieren. Der junge Muslim ist im Vorstand einer repräsentativen Moschee mit Kuppel

*Grundlage der Radikalisierung*, welches vom Bundesministerium für Bildung und Forschung gefördert wird. An dieser Stelle möchte ich meinen Dank an das BMBF aussprechen.

und Minarett in einer gutbürgerlichen deutschen Stadt; die Moschee ist gut eingebettet in die städtische Öffentlichkeit. Auffällig ist, dass die langjährigen persönlichen Erfahrungen ausschließlich negativ interpretiert werden. Sowohl sein eigener Karriereweg (Bildungsaufsteiger) als auch die Verwandlung der Moschee von einem Hinterhofgebäude zu einem Repräsentationsbau ließen sich bei allen Problemen, die es auch gegeben hat, als Erfolgsgeschichte erzählen. Davon ist aber keine Rede. Die Verbesserung der eigenen Lage, der Abbau der Missstände und andere konkrete, unzweifelhaft positive Erlebnisse werden in das Selbstverständnis des Subjekts nicht aufgenommen.

Ein älterer Mann der ersten Einwanderergeneration, der die gleiche Moschee mit aufgebaut und der Stadtöffentlichkeit gegenüber lange vertreten hat, deutet die Lage ganz anders. Zu seiner Zeit befand sich die Moschee in unmittelbarer Nachbarschaft eines Sexshops, der rege frequentiert wurde. Man kann sehr wohl von einer Verbesserung der Lage sprechen. Seine Antwort auf die Frage, ob man den Islam in Deutschland ausleben könne, war: »Wir haben bekommen, was wir verlangt haben.«

Ein weiterer Befragter spricht davon, dass man in Deutschland als ein Mensch dritter Klasse behandelt werde. Man kennt eigentlich den Menschen zweiter Klasse. Dass ein Türke/Moslem sich als Mensch dritter Klasse ansah, war auch für uns neu.[20] Wie kam es zu dieser Einschätzung? Die frommen Töchter des Mannes hatten Medizin studiert und nach dem Studium wegen ihres Kopftuchs tatsächlich Probleme bei der Jobsuche. Gleichwohl haben diese negativen Erlebnisse sie nicht daran gehindert, ihren Traumberuf auszuüben. Beide arbeiten heute als Ärztin; eine hat es sogar zur Oberärztin einer großen Klinik gebracht. Nun

**20** In späteren Interviews wird diese Klassifikation noch mal überboten: Einige Teilnehmer einer Männergruppe türkischer Herkunft ergehen sich in der Feststellung, eine vierte, fünfte Klasse Mensch zu sein.

könnte man aufgrund dieses sozialstrukturellen Aufstiegs eigentlich mit der Aussage rechnen, dass sich der Vater nicht länger als Mensch zweiter Klasse sieht, oder zumindest seine Töchter in die erste Klasse aufgestiegen sind. Er könnte in diesem Fall jedenfalls mit Stolz von seiner Familie sagen: »Immerhin meine Töchter haben es geschafft.« Aber das geschieht nicht: Seine Töchter bleiben zweitklassig und er selbst fällt freiwillig einen weiteren Rang zurück.

Eine solche Deutung ist nicht die einzige, die sich angesichts negativer Erlebnisse ergibt. Bei einer Türkin lässt sich eine entgegengesetzte Affektlage beobachten. Sie war als einzige Nichtdeutsche in einer »elitär[en]« Berufsschule die einzige mit Fachabi unter vielen »sehr guten Schülern«. Der Lehrer sagt ihr aber gleich: »das ist ja ein türkischer Name. Meine Putzfrau ist auch Türkin«. Das hat sie so »genervt«, dass sie sich »den Arsch aufreißt«, um eine eins zu bekommen, was ihr auch als einziger in der Klasse gelang. Sie misst sich mit den »sehr klugen Schülern« ihrer Schulklasse, war und ist stolz darauf, dass sie mit ihnen gleichzieht und sie sogar übertroffen hat.

Im Falle des Vaters beobachten wir, dass das Subjekt sich nicht von seinen Taten her definiert, sondern von einem »Seinsmangel« (Scheler) aus spricht, den es angesichts seines Gegenübers empfindet.[21] Das Subjekt nimmt sich vorweg als der Diskriminierte wahr. Unsere Deutung lautet, dass wir es hier mit einer »Detraktion vom Tatbestand« im Sinne von Scheler zu tun haben. Ressentiment ist die affektive Gestimmtheit eines Subjekts, das sich von seiner Ohnmacht her definiert und diese Ohnmacht zum Markenzeichen kultiviert. Es will und kann die Ohnmacht nicht loslassen. Vulnerabilität erfüllt genau diese Funktion der Veredelung der ressentimentalen Stimmung (dazu Kap. III). In

21 Diese Fälle haben Özkan Ezli und ich in unserem Vortrag »Man kann den Islam nur in den eigenen vier Wänden ausleben!« genauer analysiert (Ezli und Tezcan 2023).

der aktuellen Rassismus- und Diskriminierungskritik ist das Ressentiment ein wichtiger Taktgeber.

Eine letzte Variante in den Gemütslagen, denen wir begegnet sind, möchte ich noch ansprechen. Auf die Frage nach Diskriminierungserfahrungen erhalten wir recht unterschiedliche Antworten. Manche berichten von harten Erlebnissen, die sie sehr differenziert deuten. Dabei ist es nicht so, dass die Differenzierung mit dem höheren Bildungsstand positiv korrelierte. Hinweise gibt es eher für das Gegenteil. Ein Arbeiter erfährt immer wieder ausländerfeindliche Sprüche von seinem Kollegen. Aber er erzählt auch, dass dieser Mann eines Tages für seine Moschee Geld gespendet hat. Diese Art der Zuwendung relativiert die ausländerfeindlichen Sprüche. Schließlich ist es ja so, dass die beiden die ganze Zeit zusammenarbeiten. Das »praktische Auskommen« (Bhatti 2007) steht im Vordergrund, nicht das hermeneutische Verstehen des Anderen, das sich auf die Gesamtheit der Person bezieht, schon gar nicht die Reinheit der Gesinnung.

Andere Interviewte sagen einfach, dass sie persönlich keine Diskriminierungserfahrungen gemacht hätten. Unter diesen merken wiederum einige an, dass sie zwar selbst keine Diskriminierungen erlebt hätten: »Aber wir wissen es, es gibt Mikroaggressionen. Die Wissenschaft sagt es uns.«

### *Integration durch Konflikte*

Das zweite Großproblem der Tafelrunde ist die optimistische Grundstimmung, die daher kommt, dass sie die Frage nach den Affekten gar nicht stellt. Georg Simmel hatte früh auf die integrierende Kraft des Streits hingewiesen. Es war später Lewis Coser (1965), der die positiven Effekte von Konflikten hervorhob. Dafür muss allerdings ein Hintergrundkonsens vorliegen, der in Institutionen und Gesetzen zum Ausdruck kommt. Die Debatte um Konflikt und Integration flammte in den 90er Jahren wieder auf. Das ist die Zeit der ethno-nationalen Konflikte, die nach dem Ende des Kalten Kriegs überall in der Welt losbrachen – mit dem Jugoslawien-Krieg (1991–1995) auch in Europa. In diese Zeit fällt schließlich die kommunitaristische Kritik am Liberalismus, die als Antwort auf die Krise den *Gemeinsinn* ins Spiel brachte. Dieser Versuch wiederum regte zur Kritik an, die in der Tradition der Demokratietheorie der Franzosen Gauchet und Lefort nun von Helmut Dubiel (1992) in Deutschland eingeführt wurde. Dubiel vertrat die These, dass es den modernen Gesellschaften aus strukturellen Gründen an einer gemeinsamen Wertorientierung in Sachen »guten Lebens« bzw. an der Bindung fehlt, die die verschiedenen Teile der Gesellschaft zusammenbringen würde. Nur in Konflikten entwickle die demokratisch verfasste Gesellschaft einen Modus für das friedliche Zusammenleben, »weil mit der Ablösung der staatlichen Macht von einer traditionsdefinierten Sittlichkeit alle politischen Entscheidungen kontingent, d. h. potentieller Streitgegenstand sind« (Dubiel 1999: 138). Selbstverständlich war die These von Dubiel an die Bedingung gekoppelt, dass die Konflikte »eingehegt« werden können. Sonst würden sie die Gesellschaft zerreißen, in diesem Fall würden wir aber nicht mehr von Konflikt, sondern vom Bürgerkrieg sprechen.

Die Debatte hatte einige Jahre zuvor bereits an Dynamik gewonnen, als Albert O. Hirschman mit seinem im *Leviathan* erschienenen Text »Wieviel Gemeinsinn braucht die liberale Gesellschaft?« (Hirschman 1994), auch mit Referenz auf Dubiel, einwarf, dass es auf die Art der Konflikte ankomme, ob sie Gesellschaften eher integrieren oder auseinandertreiben. Hirschman unterscheidet zwischen »Mehr-oder-Weniger«-Konflikten einerseits und »Entweder-Oder«-Konflikten andererseits. Je nachdem fungieren Konflikte dann als »Klebstoff« oder als »Lösemittel«. In »teilbaren Konflikten« geht es darum, wer wieviel bekommt. Darüber kann man verhandeln. Keineswegs sind die teilbaren Konflikte von ihrem Wesen aus so. Vielmehr hat die Gesellschaft in massiven Auseinandersetzungen Modi entwickelt, den Klassenkonflikt zu hegen, indem er in Verteilungsfragen übersetzt wurde.

Bei dem zweiten Typus des Konflikts hingegen geht es um Wertfragen, um Herkunft, Glaube etc. Sie eignen sich nicht für Mehr-oder-Weniger-Verhandlungen. Auch hier vermeidet Hirschman eine Essentialisierung. Sie seien möglicherweise deshalb nicht teilbar, weil es derzeit an Erfahrungen und Instrumenten fehle, um diese Art von Konflikten einzuhegen. Wichtig sei zunächst, dass sie überhaupt »auf die Erde herabgeholt« werden. »[M]an muß sich auf die besonderen Arten von Konflikten konzentrieren, die typischerweise in der spezifischen Gesellschaft, die gerade untersucht wird, auftreten« (S. 303). Daran knüpft die zweite Bemerkung an, mit der Hirschman auf den Ruf nach mehr Gemeinsinn eingeht. Dieser sei ein Eingeständnis, dass man noch keine konkreten Wege gefunden habe, mit der Situation umzugehen (S. 304). Am Tisch mögen also neue Akteure sitzen. Es ist aber nicht ausgemacht, ob und inwieweit wir es in der Folge mit »teilbaren« oder mit »unteilbaren« Konflikten zu tun bekommen. Damit kommen wir zu einem grundsätzlichen Problem: Von was für einem Gemeinschaftsverständnis wird ausgegangen? Handelt es sich um eine abstrakte Vertragsgemeinschaft oder sollten wir nicht vielmehr die Geschichtlichkeit einer jeden Tafelrunde in Betracht ziehen?

### *Geschichte und Gemeinwesen*

Wie viele andere geht auch El-Mafaalani wohl davon aus, dass die Frage nach der politischen Gemeinschaft bereits geklärt ist. Gestritten wird dann nur noch darum, wer wieviel vom Kuchen abbekommt. Für die Tafelrunde scheint ausgemacht, dass ausschließlich »Mehr-oder-Weniger«-Fragen – also in den Begriffen von Hirschman »teilbare

Konflikte« – zur Debatte stehen. Mit dieser Einschätzung ist El-Mafaalani nicht alleine. Man sollte aber nicht vergessen, dass die Tischgemeinschaft, die im Handumdrehen aus einer Metapher in eine Sozialontologie verwandelt wird, eine Angelegenheit der politischen Gemeinschaft ist. Man klagt gegen die Gesellschaft, ruft sie an, will Teilhabefragen debattieren, hat es aber mit einem geschichtlich-politischen Gemeinwesen zu tun.

Die Qualität der Gleichheit in der Gesellschaft hängt nach diesem Modell davon ab, inwiefern den neuen Teilnehmern am Tisch der Gesellschaft ihr Anteil am Kuchen gewährt wird. Kuchen, Tisch, Teilnehmer in der Runde, das sind alles zwar metaphorische, aber doch abstrakte Bezeichnungen. Sie führen in die Irre, wenn man sie *nur als solche* nimmt und dabei die Ambiguitäten ignoriert, die auch und gerade der demokratisch eingestimmten Gesellschaft innewohnen. Diese Rede von Teilhabe ist durch und durch unpolitisch, weil sie das Wesensmerkmal eines Gemeinwesens ignoriert: nämlich die Tatsache, dass es nicht bloß eine abstrakte Vertragsgemeinschaft ist, sondern zugleich auch immer eine historisch-politische, die sich nicht beliebig de- und umkonstruieren lässt. Sowohl die Tafelrunde von El-Mafaalani wie auch die linksliberalen Konzepte zur Teilhabe gehen von einer geschichtslosen Einheit aus, die eher dem zügellosen Konstruktionswunsch allmächtiger Subjekte entspringt als der komplexen historischen Wirklichkeit. Geschichtliches kommt hier allenfalls als Schreckgespenst des Nationalismus und Nationalsozialismus ins Spiel, das aus eben diesem Schrecken heraus erst recht die abstrakte Rede von Gesellschaft befeuert.

Die Grenzen des Gemeinwesens können dabei unterschiedlich breit gezogen werden; sie können inklusiver oder exklusiver gedacht werden. Sie sind nicht für immer festgezurrt und stehen in Demokratien aus guten Gründen stets zur Diskussion. Darum haben sich die Vertreter der »radikalen Demokratie« auf die Gestaltungsoffenheit des demokratischen Gemeinwesens fokussiert (Lefort und Gauchet 1990). Die Migrationsthematik berührt aber unmittelbar den nationalen Charakter einer geschichtlich-politischen Gemeinschaft ohne ihre Gestaltungsoffenheit zu negieren. Der Bezug auf die Nationalgemeinschaft bringt eine eigene Dynamik ins Spiel. Gerade deshalb gilt es, um noch einmal Hirschman zu zitieren, die »Konflikte auf die Erde herabzuholen« und ihre Eigenart zu ermitteln. Es wird daher in der öffentlichen Wahrnehmung immer einen Unterschied ergeben, ob am Silvester deutsche »linke Chaoten« Gewalt ausüben oder die Nachfahren von Migranten. Diese Ungleichheit in der Bewertung mag man für ungerecht halten. Besser wäre es, die Gründe dafür ernst zu nehmen.

Es gibt inzwischen viele Menschen, die zwar formell Deutsche sind, aber zugleich auch etwas »anderes«. Dies gilt nicht nur für die Außenbeobachtung durch die Alteingesessenen, sondern auch für die Selbstbeschreibung. In alltäglichen Situationen kann es sein, dass sie eben keine Deutsche sind, sich auch nicht so sehen bzw. von den anderen nicht so »gelesen« werden, wie es neudeutsch heißt. Man muss allerdings kein großes Aufheben darum machen, solange die soziale Existenz und politische Repräsentation davon nicht essenziell berührt werden. Es gibt aber genug solcher dramatischer Fälle. Ginge es bspw. nach Alexander Gauland, sollte man die ehemalige Staatsministerin Aydan Özoğuz, damals zugleich Beauftragte der Bundesregierung für Migration, Flüchtlinge und Integration, »in Anatolien entsorgen« (*Frankfurter Allgemeine Zeitung* 2018). Björn Höcke befand im selben Jahr in einem Interviewband, sie habe »in unserem Land tatsächlich nichts verloren«, auch wenn er sich im Jahre 2024 weder an diese Aussage noch überhaupt an Aydan Özoğuz erinnern wollte. Das ist aber etwas völlig anderes als wenn jemand mich im Alltag nicht als Deutschen adressiert oder mich mit der scheinbar ominösen Frage »belästigt«, woher ich *eigentlich* komme, wenn ich mit Bielefeld antworte. Bielefeld gibt es ja, wie wir alle wissen, ohnehin nicht. Die Grundlage für einen gelassenen Umgang und eine weitgehende Übereinkunft über die Zugänge in die Zugehörigkeit zum politischen Gemeinwesen, existiert also weiterhin. Ein solch gelassener Umgang ist aber immer seltener der Fall. Stattdessen wird die rassistische Spannung, die die radikale Rechte unablässig steigert, von links in eine rassische Aufteilung überführt und damit auf andere Art und Weise radikalisiert. Beide politischen Strategien sind fatal.

### *Gemeinschaftsglaube*

Wie aber sieht die Gemeinschaft, um die es geht, aus? Max Weber hat die von Tönnies getroffene Gemeinschaft/Gesellschaft-Unterscheidung durch jene der Vergemeinschaftung/Vergesellschaftung ersetzt. Er spricht damit von zwei Formen der Sozialität, nicht aber von zwei sozialen Entitäten. Damit führt er recht früh einen konstruktivistischen Zug ein, noch bevor dieser in den Sozialwissenschaften der Gegenwart zur dominierenden Perspektive werden sollte. Zwei Punkte sind für unsere Diskussion von besonderer Bedeutung.

Erstens kann es für Weber Gemeinschaften ohne den Gemeinschafts*glauben* nicht geben. Selbst die »ethnischen« Gemeinschaften (bei Weber stets in Anführungszeichen), die sich über die gemeinsame Herkunft definieren, sind nicht der bloße Ausdruck einer natürlichen Zusammengehörigkeit, sondern benötigen den *Glauben* an diese Zusammengehörigkeit:

> »Von der Sippengemeinschaft scheidet sich die ›ethnische Gemeinschaft‹ dadurch, dass sie eben an sich nur (geglaubte) ›Gemeinsamkeit‹, nicht aber ›Gemeinschaft‹ ist, wie die Sippe, zu deren Wesen ein reales Gemeinschaftshandeln gehört.« (Weber 1985: 237)

Zweitens ist das Verhältnis dieser für sich genommen nichtpolitischen Gemeinschaften zu der politischen Gemeinschaft, die bei Weber mit Herrschaft verbunden ist, keineswegs einseitig im Sinne eines rechtsnationalistischen Konzepts von Nation zu verstehen, nach dem diese sich von einer gemeinsamen ethnischen Vergangenheit herleitet. Die politische Gemeinschaft hätte in dieser Deutung gar keinen eigenen Seinsgrund, sondern wäre lediglich ein Wurmfortsatz einer bereits vorpolitisch garantierten Gemeinschaft. Für Max Webers empirische Soziologie, die konsequent historisch arbeitet, kommt zwar diese Art Fortführung der bereits bestehenden ethnischen Gemeinsamkeit in der politischen durchaus vor, ist aber nicht zwingend. Die umgekehrte Bewegung ist ungleich häufiger anzutreffen: »Die ethnische Gemeinsamkeit (im hier gemeinten Sinn) ist demgegenüber nicht selbst Gemeinschaft, sondern nur ein die Vergemeinschaftung erleichterndes Moment« (ebd.). In vielen Fällen ist es nach Weber eher der politische Verband, der das Gefühl der ethnischen Gemeinsamkeit hervorbringt, und nicht umgekehrt. Das »Stammesbewusstsein« entsteht »primär durch politisch gemeinsame Schicksale und nicht primär durch ›Abstammung‹« (a. a. O.: 241).

So könnte man hinzufügen, dass das »deutsche Volk« entgegen aller Mythisierungen in die grauen Vorzeiten hinein letztlich Ergebnis politischer Visionen und Kämpfe ist, die sich schließlich in der ersten deutschen Einheit niedergeschlagen haben. Dass die deutsche Einheit sich erst in der Kultur und Sprache und nicht in politischer Gestalt entwickelt hat, bringt wohl eine neue Variante ins Spiel, ändert aber nichts an Webers These. Die Debatten über die deutsche Nation haben im Nachgang der nationalsozialistischen Schreckensherrschaft primär das vermeintlich vorpolitische Konzept von Nation in Deutschland (über-)betont. Lange hat eine Differenz die Debatte dominiert, bei der der französische Republikanismus auf der einen Seite, der seinerseits auf das tägliche Bekenntnis der einzelnen Individuen zur Republik reduziert wurde, dem deutschen völkischen Modell auf der anderen Seite gegenübergestellt wurde. Allerdings war weder die französische Nation in ihrer historischen Wirklichkeit frei von »ethnischem Gemeinschaftsglauben«, noch kann das deutsche Nationsverständnis restlos auf vorpolitische Essentialisierungen reduziert werden, selbst wenn das Völkische ab dem Ende des 19. Jahrhunderts eine erdrückende Dominanz erlangte.[22]

Wenn ich die Paulskirche besichtige oder mich bspw. in Konstanz über die Orte der badischen Revolution in den historischen Stätten informiere, habe ich nicht den Eindruck, einer bloß partikularen Geschichte gegenüberzustehen, sondern einer Geschichte, in der sich jeder Demokrat von überall in der Welt ohne Weiteres wiederfinden kann. Erstaunlich, ja geschichtsvergessen ist eher, dass die Narrative der Einwanderungsgesellschaft, die immer häufiger in Klageform vorgebracht werden, an diese demokratische Geschichte nicht anknüpfen wollen. Aus aktuellen Visionen spricht jedenfalls weniger ein republikanischer Geist als vielmehr ein negativer, von Ressentiment getragener. Die postkolonial getönte »Weiße/Nichtweiße«-Figuration hat keinen Sinn für die Geschichte der Paulskirche.

## *Ethnos und Demos*

Das Problem der aktuellen Debatten über Zugehörigkeit liegt

**22** Diese Dominanz des Völkischen wird in *Geschichte Deutschlands im 20. Jahrhundert* (Herbert 2023) so eindrücklich beschrieben, dass einen der Mut verlässt, an eine realistische Chance für ein nichtvölkisches Volksverständnis in deutschen Landen zu glauben. Zugleich macht die Tatsache, dass dies selbst Ergebnis einer historisch-politischen Entwicklung ist, dennoch Hoffnung.

in der Vermengung zweier Konzepte von Volk, die nebeneinander, ja ineinander verschachtelt existieren und in einem nicht auflösbaren Spannungsverhältnis zueinander stehen.

Um es auf eine Formel zu bringen: Das deutsche Volk gibt es in zweifacher Ausführung, als Ethnos und als Demos. Das ist nichts Besonderes. Auch das türkische Volk existiert in dieser doppelten Form. Selbst das Französische, das ja wie kaum ein anderes dem Ideal des politischen Volkes entspricht, hat dieses doppelte Gesicht. Das amerikanische Volk ist aus dieser Perspektive wahrscheinlich das einzig wahrhaft moderne Volk, welches sich in der Herkunftserzählung kaum auf Ethnos bezieht.

Selbstverständlich sind alle Nationalvölker Produkte der Moderne und ohne den Nationalstaat nicht zu denken. Insofern findet Webers These, dass eher die politische Gemeinschaft den ethnischen Gemeinschaftsglauben hervorbringt als umgekehrt, gerade in der modernen Nation seine Bestätigung. Auch die nationalen Minderheiten erhalten ihre Spezifizität durch den Nationalstaat. Sie beziehen sich auf diesen und erhalten von ihm einen anerkannten oder nicht anerkannten Status als nationale Minderheit. Zwar verweist die amerikanische Volkserzählung anders als die meisten anderen nicht auf eine ethnische Gemeinsamkeit, aber auch hier findet sich der Verweis auf die Abstammung von europäischen Völkern, die sich mit religiösen Visionen der Siedlergemeinschaften vermengt. Dieser Umstand, nämlich das Fehlen der Referenz auf eine eindeutige ethnische Herkunft, wird umso brutaler von der Hautfarbe ersetzt, mit der schließlich ein rassistisches Regime eingerichtet wurde. Erst aufgrund der Sklaverei konnten die Parias der frühen amerikanischen Gesellschaft, vor allem die katholischen Iren, ihre Zugehörigkeit zur Nationalgemeinschaft erlangen. Dass selbst die Nationen, die sich als politisches Volk verstehen, sich mehr oder weniger auf eine ethnische Herkunft beziehen, liegt daran, dass ein politisches Gemeinwesen nicht bloß ein willentlicher Zusammenschluss von

Individuen ist, die sich vertraglich zu einer Gemeinschaft verpflichten, sondern sich unter konkreten historischen Bedingungen auf der Grundlage konkreter Solidaritätsanforderungen und erlittenen Leides formieren. Diese Einsicht hat Foucault zu der These geführt, dass die Vertragstheorie von Hobbes entgegen der üblichen Rezeption eigentlich eine unpolitische Theorie sei. Hobbes habe mit dem Leviathan ein ideales Modell entwickelt, in dem Einzelne aus Angst um ihr Leben ihre Rechte an einen Souverän abtreten, damit dieser ihr Leben schütze. Mit der Überführung der Herrschaftsfrage in eine Souveränitätsfrage habe er aber die reale Geschichte der Kriege, des Krieges der Rassen (hier wie bei Foucault ohne Anführungszeichen), und Unterwerfungen in einem geschichtlich sterilen Modell neutralisieren wollen. Hobbes' Motivation war es, diesen Konflikt um Herrschaft vor dem Hintergrund der damaligen Auseinandersetzungen in England mit einer politischen Theorie der Souveränität zu pazifizieren (Foucault 2001: 107 ff.).[23]

Damit ist bereits angesprochen, was unter der doppelten

23 »Recht, Frieden und Gesetze werden im Blut und im Schlamm der Schlachten geboren. Darunter hat man sich freilich nicht ideale Schlachten vorzustellen oder Rivalitäten, wie sie sich Philosophen oder Juristen vorstellen: Es geht nicht um eine Art theoretischer Wilderei. Das Gesetz kommt nicht aus der Natur und aus Quellen, an denen die ersten Hirten trinken; das Gesetz ergibt sich aus wirklichen Schlachten, Siegen, Massakern, Eroberungen, die ihr genaues Datum und ihre Schreckensfiguren haben; es geht aus angezündeten Städten und verwüsteten Landschaften hervor und wird mit jenen berühmten Unschuldigen geboren, die im herausziehenden Tag im Todeskampf liegen.« (Foucault 2001: 67) Dieser Gedanke war zuvor von Nietzsche im Buch II (17: 324) *Zur Genealogie der Moral* in brutaler Klarheit formuliert worden: »Ich gebrauchte das Wort ›Staat‹: es versteht sich von selbst, wer damit gemeint ist – irgend ein Rudel blonder Raubthiere, eine Eroberer- und Herren-Rasse, welche, kriegerisch organisirt und mit der Kraft, zu organisiren, unbedenklich ihre furchtbaren Tatzen auf eine der Zahl nach vielleicht ungeheuer überlegene, aber noch gestaltlose, noch schweifende Bevölkerung legt. Dergestalt beginnt ja der »Staat« auf Erden: ich denke, jene Schwärmerei ist abgethan, welche ihn mit einem ›Vertrage‹ beginnen liess.«

Ausführung gemeint ist, mit der sich ein Volk historisch zu erkennen gibt: Ethnos und Demos. Das deutsche Volk ist in diesem Sinne beides. Um mit Letzterem anzufangen, welches in der Regel vergessen wird, weil man unter dem deutschen Volk gewöhnlich nur den Ethnos versteht: Das deutsche Volk hat sich im demokratischen Geiste auch als Demos, als politische Gemeinschaft konstituiert. Es ist also mehr als eine Ansammlung von Sippenverbänden. Das deutsche Volk versteht sich als ein politisches Gemeinwesen, das sich auf der Basis der legalen Herrschaft konstituiert, d.h. sich Gesetze gibt, an die zu halten es sich verpflichtet. Es formt seinen politischen Willen im deutschen Staat, dessen Grundprinzipien im Grundgesetz für das Staatsterritorium als verbindlich erklärt werden. Das deutsche Volk ist der Souverän in seinem Staatsgebiet, entscheidet darüber, wer sich dort mit welchem Status aufhalten darf, bestimmt auch die Kriterien dafür, wer unter welchen Bedingungen ihm zugehört. Wer im Namen des Souveräns die Geschäfte zu führen hat, wird wiederum in Stellvertretung des Volkes durch die Verfassungsorgane bestimmt. Die Grenzen dieses Volkes, d.h. ihre ethnische Grundierung, sind nicht eine Frage, die man bloß mit wissenschaftlicher Einsicht und moralischem Anstand lösen kann, sondern eine geschichtlich-politische, die geworden ist und dem weiteren Werden im ständigen Streit darüber ausgesetzt bleibt.

Zugleich tritt uns das deutsche Volk als Ethnos entgegen. In dieser Gestalt ist es eine Föderation von Sippenverbänden, zu dem historisch gewachsen eine Reihe von Gruppen gehören, die eine gemeinsame Sprache sprechen und eine gemeinsame, oder zumindest verwandte Geschichte imaginieren. Das ist, nochmals, nichts Besonderes. Fast alle modernen Nationen berufen sich auf ein Staatsvolk, das zwar nicht ausschließlich ethnisch bestimmt sein muss, aber in den meisten Fällen doch eine solche partikulare (Sprach-) Volksgruppe(n) ist. Mit dem türkischen Volk verhält es sich nicht anders. Es gibt ethnische Gruppen, die sich als Türken (ehemals turkmenische Stämme) verstehen, als Sprache nur Türkisch kennen und im Zeitalter des Nationalismus in eine mythische Vergangenheit, die in Zentralasien liegt, zurück imaginieren, wobei die Imagination nicht als bloße Erfindung zu verstehen ist. Tatsächlich stehen am Anfang Stämme, die vor etwa tausend Jahren von Zentralasien in Richtung Anatolien aufgebrochen waren. Das türkische Volk als politische Gemeinschaft geht aber über diese Stammesgenealogie hinaus, inkludiert (nicht immer ohne Zwang) auch andere Volksgruppen wie Kurden, Araber, Tscherkessen, Tataren, Balkanaussiedler etc., also etliche ethnische Gruppen. Kurden kämpfen schon so lange dafür, dass sie als Kurden gelten dürfen. Die Lage nichtmuslimischer Minderheiten wie Griechen und Armenier ist weitaus schwieriger. Selbst wenn sie trotz großer Probleme und Widerwillen praktisch integriert und formell zu Staatsbürgern geworden sind, kommen sie in der nationalen Erzählung nur negativ vor. Demos wie Ethnos sind in der Türkei letztlich muslimisch, genauer gesagt: sunnitisch grundiert, obwohl der Demos gemäß der Idee der Republik auch die nichtmuslimischen Minderheiten sowie die türkischen und kurdischen Aleviten einschließt.

Nationale Volkswerdung bezieht sich vielerorts auf Kämpfe um die Existenz konkreter Völker, die erst in diesen Kämpfen zu diesen Völkern geworden sind und dann in den Nationalepen verewigt wurden. Es gibt noch wenig vergleichbare Bezugsgrößen (wie Glaube und Klasse) in der Geschichte, die die Gemüter ihrer Angehörigen derart aufheizen konnten wie die Nationen als Volksgemeinschaften. Der Liberalismus hat sie nie ersetzen, sondern nur zähmen können, und dies nicht immer erfolgreich. Vor diesem Hintergrund betrachtet, wird klar, wie fatal es ist, wenn man diesen Ernst der politischen Gemeinschaft negiert. Deswegen affiziert das Thema Migration die Gemüter so besonders, weil es eben nicht bloß um Gesellschaft geht.

Plessner problematisierte seinerzeit zurecht die Fixierung auf Gemeinschaft, die jeglichen Sinn für Gesellschaft vernichtet hatte. Auch heute muss dieser Sinn gegen totalisierende Gemeinschaftsvisionen wachgehalten werden. Umgekehrt wäre es aber ein Fehler, in der Bezugnahme auf die Gesellschaft den Sinn für Gemeinschaft zu verlieren. Es geht nicht darum sie zu feiern, sondern darum, ihre reale Brisanz nicht aus dem Blick zu verlieren.

Dieses zweifache Verständnis des Volkes wird uns helfen, die Zugehörigkeitsfrage, die derzeit die Migrationsgesellschaften beschäftigt, angemessen anzugehen. Welche Antworten würde ich auf die Frage geben? Ich spreche von Antworten bewusst in der Mehrzahl, denn genau darum geht es mir. Das Problem der gegenwärtigen Debatte besteht vor allem anderen darin, dass wir nur auf eine Antwort aus sind. Diese kann dann naturgemäß nur in Form eines Entweder – Oder erfolgen. *Entweder* verstehe ich mich als Türke *oder* als Deutscher. Selbst die Antworten, die das gemäß der Logik der quantitativen Befragung in Prozentverhältnisse übersetzen (etwa 70 % Türke), kommen aus der binären Logik nicht heraus. Eine Konzeption des Volksbegriffs in zwei Dimensionen könnte das Problem zumindest entschärfen, wenn auch nicht aus der Welt schaffen.

Mir ist bewusst, dass der Volksbegriff viele beunruhigt. Am liebsten würde man ihn vergessen; die Deutschen brauchen wahrlich keinen Türken, der sie daran erinnert. An solchen türkischen Eiferern, die stellvertretend deutschnational auftreten, fehlt es nicht.[24] Weder maße ich mir an, den Volksbegriff zu rehabilitieren, noch ist mir die Spreng-

24 Prominente Beispiele gibt es dafür: Schriftsteller Akif Pirinçci und Attila Hildmann. Pirinçci wurde vom Bonner Amtsgericht wegen Volksverhetzung gegen Migranten zu einer Haftstrafe von neun Monaten ohne Bewährung verurteilt. »In dem Text aus dem Juni 2022 schimpft der 64-Jährige über Migranten und stellt laut Anklage ohne Belege Behauptungen über angebliche Straftaten auf. Pirinçci schreibt von Muslimen und ›Afros‹, die in den Jahren 2015 und 2016 als ›Schmarotzer‹ nach Deutschland gekommen seien und sich ›mikrobenartig‹ immer weiter vermehren« würden. Sie »wären für eine ›bis heute nicht abreißende Serie bestialischer Verbrechen vor allem an Frauen‹ verantwortlich.« (Hensgen

kraft, die in dem Begriff »das deutsche Volk« mit vielfacher Aufladung steckt, unbekannt. Nichtsdestotrotz komme ich nicht umhin, es zu thematisieren. Politiker handeln, Richter fällen ihre Urteile im Namen des deutschen Volks. Das Wort hat also einen legitimen Platz, selbst wenn es sich auch für nationalistische Ausgrenzungen instrumentalisieren lässt. Gerade bei der Frage nach Zugehörigkeiten, die unseren politischen Horizont bestimmt, hat man es stets auch mit dem Volk zu tun. Die Wirkkraft der Parole »Wir sind das Volk« lässt sich nicht entschärfen, indem man sie ignoriert.[25]

Zum deutschen Ethnos gehöre ich nicht. Nicht weil ich mich nicht dazu entschließen könnte, Deutscher zu sein; nicht weil für mich Deutschsein bzw. zu sagen: ich bin Deutscher oder ich fühle mich als Deutscher, etwas Negatives wäre. Deutschsein in diesem Sinne ist keine Frage des Füh-

2024). Gegenüber den Anhängern der Mikroaggressionen-Theorie zeigt Pirinçci, wie echte rassistische Beleidigungen aussehen.

**25** Wie schwierig der Gebrauch des Begriffs Volk mit demokratischer Absicht ist, zeigte sich in den Protestmärschen, auf denen Hunderttausende anlässlich des »Remigrations-Treffens« der Rechtsextremen in mehreren Städten auf die Straße gegangen sind. Das Motto fehlte vollauf, dessen Schatten war aber präsent. Der Aufmacher des Beitrags von Gustav Seibt in der *SZ* bezieht eindeutig Stellung: »Jenseits richtiger und falscher Parolen glänzten die Demonstrationen vom Wochenende alleine dadurch: die heiter-ernste Anwesenheit nicht des »Volkes«, sondern der Bevölkerung.« Liest man aber den Text weiter, zeigt sich, dass nur das Konzept eines »homogenen« Volks zurückgewiesen wird, nicht aber das Volk als solches, das aber auch nicht mit republikanischem Inhalt beherzt bejaht wird. Es ist, so heißt es fast legalistisch, das »Staatsvolk im Sinne des Grundgesetzes«, das in seiner Vielfalt der Herkünfte Gesicht zeigte: »Dies ist nicht das Volk der AfD – das war der große, einfache Sinn der gewaltigen Installation am Wochenende. Wir sind nicht das völkische Volk, das sich die identitären Fantasten imaginieren.« (Seibt 2024) Theoretisch wäre es denkbar gewesen, und strategisch keineswegs unklug, dass die Demonstranten die Parole »Wir sind das Volk« gerufen hätten. Das wäre nicht das völkische Volk, wohl aber das republikanische. Offenbar ist die Schlagseite ins Rechtsextreme, die dem offenen Gebrauch des Volksbegriffs im Deutschen droht, zu stark, sodass man sich im besten Fall nur zaghaft darauf bezieht.

lens oder Bekennens. Im Sinne des Volks als »Ethnos« besteht kein Zweifel daran, dass ich kein Deutscher, sondern Türke bin. Alle meine Kollegen, Freunde und meine Nachbarn wissen, dass ich Türke bin. Diese Zuordnung ist zunächst einmal nichts anderes als die Feststellung einer Tatsache.

Selbstverständlich stecken ethnische Zuordnungen meist in politischen Deutungszusammenhängen. Das ändert jedoch nichts an der Tatsache, dass Türkesein in Deutschland auch eine solche politisch *indifferente Differenz* ausdrücken kann. Nicht jede Zuordnung (»er ist Türke«) diskriminiert zwangsläufig. Nicht jede Nichtzugehörigkeit (»er ist kein Deutscher«) ist ein Unrecht, das einem angetan wird. Indifferent ist diese Differenz im basalen Sinne, dass sie nicht notwendigerweise auf eine politisch aufgeladene Identitätspolitik verweist, die zwar stets im Hintergrund ist und oft tatsächlich auch so wirkt, aber eben die Verweise nicht gänzlich abdeckt. Diese Art Differenzbestimmung, die im Grunde genommen eine Verortung auf der Karte der Völker wie auf dem Wochenmarkt ist, sagt gar nichts über meine politischen Präferenzen oder Zugehörigkeiten. Dass ich mich nicht als Deutscher bezeichne, hat in diesem Zusammenhang nichts mit einer emotionalen Abneigung oder gar Ablehnung und auch nichts mit einer Stellungnahme zum Deutschen, zu den Deutschen oder zu Deutschland zu tun; es hat nicht einmal mit Gefühl zu tun. Es gibt Dinge, die man nicht gefühlt haben muss, um ein Bewusstsein davon zu haben. Es ist ein Wissen, das ich habe, weil ich als ein Kind türkischer Eltern geboren wurde. Dieses Wissen wird in meinem Fall nochmals dadurch bestärkt, dass ich in der Türkei großgeworden bin. Und bis ich dann später in Deutschland die deutsche Staatsbürgerschaft erhalten hatte, war ich auch türkischer Staatsbürger mit einem Ausweis, der mich in der internationalen Völkergemeinschaft als Mitglied der türkischen Nation auswies. Natürlich können wir das alles zu sozialen Konstrukten erklären, woran soziologisch auch kein Zweifel besteht. Das ändert aber nichts an deren materieller Evidenz.

Das Problem besteht primär darin, dass man diese Zuordnung nicht einfach als das stehen lässt, was sie ist: als Zuordnung, die weder auf der Gefühlsebene liegt noch als Bekenntnis verstanden werden muss. Ich bin also kein Teil des deutschen Volkes, wenn man dieses als Ethnos versteht. Meine Kinder hingegen sind es, weil sie eine deutsche Mutter haben. Diese Aussagen muten an, als wäre die ethnonationale Zugehörigkeit eine Naturtatsache. Heißt das, dass die nächsten Generationen der Migrantennachfahren (wie viele, wie lange?) sich immer schon und immer noch als andere ethnische Gemeinschaften verstehen werden? Kann es nicht sein, dass sie sich immer mehr als Deutsche verstehen? Die meisten Türken verstehen sich als Türken und nicht als Deutsche. Wenn die Nachfahren der Migranten in dritter Generation ausgelassen Erdoğans Wahlsieg in deutschen Städten feiern, ist das auch ein Statement in Sachen Zugehörigkeit. Ich habe meine Zweifel, dass dieser Sachverhalt über Umfragen genau ermittelt werden kann. Vielmehr sollte man sich in den Lebenswelten bewegen. Was man beunruhigt als »Parallelgesellschaft« bezeichnet, ist eigentlich die Tatsache, dass diese Gemeinschaften tatsächlich existieren – besonders sichtbar etwa bei Wahlen in der Türkei oder, wie neuerdings, befeuert von der Sympathie für die Hamas.

Wie auch immer, die Gefahr der Naturalisierung ist da. Sie sollte aber vor allem als Anlass und Anreiz dienen, weiter zu differenzieren. Nach Webers Deutung des Verhältnisses zwischen der politischen und der ethnischen Gemeinschaft kann man sagen, dass sich in Zukunft auch die Kinder der nichtdeutschen Migranten als Deutsche werden verstehen können. Möglicherweise wird die Bezeichnung deutsch auch eine doppelte Bedeutung erlangen, was derzeit etwas unbeholfen mit dem Wort »Deutsch-Deutsch« ausgedrückt wird. »Deutsch-Deutsch« und »Bindestrich-Deutsch« könnten analog zur Unterscheidung »Britisch-Englisch-Schottisch-Walisisch« funktionieren. Eine weitere Strategie, die die Bezugnahme auf die nationale Gemeinschaft nur verschiebt, ohne sie aufzuheben, kommt ebenfalls vor: Man nennt einfach seine Stadt: Ich bin Bremer, Berliner, Bielefelder etc. Oder auch die Region mit einem besonderen Regionalpatriotismus, der unverkrampft zutage tritt: Ich bin Rheinländer. Das sind aber nicht zwingend alternative Entwicklungen, sondern sie spielen sich auf unterschiedlichen Ebenen ab.

Es könnten auch andere Bezeichnungen aufkommen. So z. B. hat »Deutschländer«, mit dem Türken aus Deutschland in der Türkei leicht ironisch bezeichnet werden, zumindest theoretisch den Vorteil, die Spannungen in der Bezeichnungsökonomie zu entschärfen. Es wäre eine Fortführung von Bindestrich-Deutscher auf einer neuen Ebene, weil der Bindestrich wahrscheinlich irgendwann seine bindende Bezeichnungskraft verlieren wird. Die Bezeichnung »Deutschlandtürken« hingegen, die Fatih Zingal benutzt, unterstreicht entschieden das Türkische und lässt das Deutsche weg. Deutsch beschränkt sich auf den Ort, in dem diese Türken als Türken leben. Jedenfalls ist die Zukunft hier offen und wird nicht zu der einen für alle geltenden Zugehörigkeitsformel führen.

Versteht man hingegen Volk als Demos, bin ich ohne jeden Zweifel Teil von ihm. Die Staatsbürgerschaft ist der beste Beleg und Garant für die Zugehörigkeit zu einem politischen Volk. Ich habe eine Stimme wie jeder andere Bundesbürger, bestimme mit, wer auf welcher Ebene mit welchen Zielen die exekutive Gewalt haben soll. Als Staatsbürger stehen mir Ämter offen und politische Rechte zu, die ein Ausländer, wie auch ich bis 1999 einer war, nicht besitzen kann. Der deutsche Staat hat sich auch im Notfall für mich im Ausland einzusetzen. Ich habe mein Herkunftsland Türkei zum ersten Mal wieder zu besuchen gewagt, nachdem ich die deutsche Staatsbürgerschaft erworben hatte. Ich konnte mich auf die eventuell erforderliche Unterstützung durch den deutschen Staat verlassen, aber nicht auf eine faire Behandlung durch den Staat meines Geburtslandes hoffen. Dieses Vertrauen, das ja sicher auch ein Gefühl ist, kann u. U. stärker als jedes Zugehörigkeitsgefühl sein, das mit Bekenntnissen ans Tageslicht gezerrt werden soll. Die Stärke des Vertrauens besteht paradoxerweise darin, dass es nicht das innere Gefühl der Zugehörigkeit als Beweis erfordert. Das Äußerlich-Formale, die staatlich-rechtliche Zugehörigkeit reicht hier vollkommen aus und sie sollte nicht unterschätzt werden. Die Idee der Staatsbürgerschaft wird sowohl bei den ethnischen Deutschen als auch den Migranten für gering erachtet, und das ist ein Irrtum. Einmal wird damit die integrative Kraft der politischen Zugehörigkeit unterschätzt. Dass ich mit meinen deutschen Nachbarn bei jeder Wahl vor der Urne stehe, vermittelt mehr als jede Gefühlsduselei den Eindruck einer objektiven Gemeinsamkeit. Auch der praktische Nutzen der Staatsangehörigkeit wird nicht gewürdigt, obwohl er jedem, der die deutsche Staatsbürgerschaft nachträglich erhalten hat, bekannt ist: Wer lange mit einem türkischen Pass in der Welt unterwegs war, weiß viel von den Vorteilen, die der deutsche Pass mit sich bringt.[26]

Es wäre allerdings ein Fehler, die Zugehörigkeit zum Gemeinwesen einzig von der Staatsangehörigkeit abhängig zu machen. Auch ohne den deutschen Pass gibt es etliche Verfahren und Gremien, in denen die Migranten in ihrem Alltag präsent sind und über die Angelegenheiten des Gemeinwesens mitentscheiden. Diese Gremien machen schließlich auch das deutsche Volk als Demos aus,

26 Diese Gedanken sind jedoch nicht als Plädoyer für doppelte Staatsbürgerschaft oder für eine niedrigschwellige Einbürgerungspraxis zu verstehen, die die hier unterstrichene Besonderheit der politischen Zugehörigkeit beschämt herunterspielt. Der Umkehrschluss, dass die Staatsbürgerschaft schon für das entsprechende Zugehörigkeitsgefühl sorgen wird, ist nicht zulässig.

nicht nur der Bundestag. Wenn die Nicht-EU-Bürger in den Kommunalwahlen wählen dürften, die bislang qua Grundgesetz ausgeschlossen sind, würde dies die lokale Demokratie erheblich stärken. In den Kindergärten, Elternbeiräten, Sportvereinen, Betriebsräten, Gewerkschaften und noch vielen weiteren Einrichtungen gehören die Migranten bereits zu den Mitentscheidern, sind somit ein Teil des Volks auf lokaler Ebene. Das Motto »Wir sind das Volk« trifft hier vollauf zu.

### *Exkurs: Kulinarische Zugehörigkeiten aus dem Alltag der Einwanderungsgesellschaft*

Was ich mit Blick auf Identitätsspiele detailliert dargestellt habe, lässt sich im Alltag wesentlich unspektakulärer beobachten als es die großen Debatten über Zugehörigkeit und Diskriminierung nahelegen. Ich greife ein beliebiges Beispiel auf, das mir beim Schreiben dieser Zeilen begegnet ist. »Ich habe mich lange für südkoreanisches Essen geschämt«, sagt Mpolo Mikangou, der in einer ZeitOnline-Serie für Zuschauer *Tteokbokki* kocht.[27] In vielerlei Hinsicht spiegelt der Beitrag die heterogene Wirklichkeit der Einwanderungsgesellschaft und ihrer Deutungen.

Fangen wir mit der journalistischen Aufmachung an: Der Koch selbst ist Kind koreanischer und kongolesischer Eltern; er ist Musiker und Hiphop-Produzent. Phänotypisch zeigt sich an ihm exemplarisch ein Bild kommender Generationen in Deutschland, das die Werbebranche (und nicht zuletzt die Luxus-Autowerbung) bereits besonders gut zu nutzen weiß. Dort kann man beobachten, wie sich Diversität werbewirksam in Profit konvertieren lässt. Der Titel des Beitrags zu Mpolo Mikangou vermittelt vorab den Eindruck, dass hier möglicherweise eine Diskriminie-

27 Siehe https://www.youtube.com/watch?v=s8nvGPxX3Hs.

rungsgeschichte erzählt wird. Die Erzählung von Mikangou selbst ist hingegen sehr entspannt. Der von der Redaktion gesetzte Aufmacher »[…] geschämt« steht nicht nur *nicht* im Zentrum der Erzählung, sondern ist dort auch ganz anders konnotiert als der Titel es suggeriert. Keineswegs enthält der Satz »Ich habe mich geschämt« einen Hinweis auf eine ungerechte Behandlung oder deutet eine ethnische Konfrontation auf dem kulinarischen Feld an, sondern er neutralisiert gerade diese Dimension – so wie ich oben von einer indifferenten Differenz sprach, also einer Herkunftsangabe, die zwar nicht zu übergehen ist, die aber auch nicht weiter relevant gemacht wird. Dergestalt ist die ethnische Differenz präsent, ohne dass sie gleich Machtkämpfe auslösen muss. In der Erzählung des Musikers begegnet uns eine Befindlichkeit, die in der grundsätzlich missgestimmten Atmosphäre öffentlicher Rede über die Einwanderungsgesellschaft wenig Beachtung findet.

Mikangous Selbstbezeichnung bestätigt die These von den Heterogenitäten der Zugehörigkeit: »Meine Eltern sind aus Südkorea und aus Kongo, aber eigentlich bin ich ein richtiger Rheinländer.« Beim Wort Rheinländer lächelt er noch ein wenig, aber beim folgenden Satz lacht er dann auf: »Das kommt einfach so raus.« Diese witzelnde Selbstverortung ist aussagekräftig. Zum einen kann man sie als eine performative Bestätigung des rheinischen Frohsinns deuten, eine positiv-selbstbewusste Art, wie die Rheinländer über sich selbst zu reden pflegen. Von einem Ostwestfalen habe ich das so jedenfalls noch nicht gehört. Man kann es aber zugleich auch als Hinweis darauf lesen, dass die Sache schon an sich interessant und eine eher ungewöhnliche Kombination ist: ein Kind koreanischer und kongolesischer Eltern, das sich dazu noch als Rheinländer versteht. Das Rheinländische rahmt die von außen betrachtet ungewöhnliche, für den Träger hingegen völlig normale Situation humorvoll ein. Bedauerlicherweise verschwindet gegenwärtig eine solche souveräne Gelassenheit der Selbstbeschreibung in den literarischen und politischen Deutungen der Mannigfaltigkeit der Biographien der Einwanderungsgesellschaft. Man drängt auf Vereindeutigung der Lebensbezüge oder nimmt umgekehrt Anstoß an ihrer Benennung.

Wie sieht nun Mikangous Deutung genauer aus? Der Schüler Mpolo schämt sich anfangs wegen des koreanischen Essens, weil dieses aus der Perspektive der Essgewohnheiten im Rheinland streng riecht. Mpolo Mikangou hätte natürlich die Geschichte ohne Weiteres auch anders auftischen können. Darauf spielt der Titel der Serie ja auch durchaus an. Er sagt aber nur: »Keiner hatte im Plan, wo Südkorea oder Kongo überhaupt liegen. Wenn ich mit Kimchi zur Schule kam, haben mich einige Schüler komisch angeguckt. Sie meinten, dass es streng riecht.« Er fühlt sich verunsichert und nimmt fortan »nur noch Butterbrote mit«.

Denkbar wäre gewesen, dass er seine Geschichte als eine der Marginalisierung hätte erzählen können. Dank der Empowerment-Anstrengungen inzwischen resilient geworden, hätte er dann anschließend behaupten können, jetzt nicht nur mit am Tisch zu sitzen und seinen Anteil zu verlangen, sondern auch den Tisch selbst zu decken und zu bestimmen, was es zu essen gibt. Oder er könnte in die üblichen Muster der Diskriminierungserzählungen Zuflucht nehmen: Danach gefragt, hätte dann dieses Erlebnis für seine Erfahrungswelt in Deutschland gestanden. Dass er nur noch Butterbrote mitgenommen hat, an dieses Erlebnis aus der Kindheit hätte er sich klammern, hätte eine Geschichte der Traumatisierung daran knüpfen können, wie sie viele in den Chats zu #meTwo von Ali Can erzählen. Ein Tweet dort lautet: »Damals Sonderschulempfehlung, heute Infektionsbiologe.« Der Aufstieg zum Infektionsbiologen wiegt hier offenbar nicht das Erlebnis aus der Kindheit auf. Selbst der Stolz auf den Erfolg, der da mitklingen mag, wird vom Willen zur Klage entwertet. In einem anderen Tweet heißt es:

»4. klasse, es geht um weiterführende schulen. ich bin

> klassenbeste. lehrerin empfiehlt hauptschule, damit ich ›unter gleichgesinnten‹ bin. eltern können kaum deutsch und vertrauen lehrerin. Bekannte greift zum glück ein. 5. klasse: ich bin klassenbeste auf dem gymnasium.« (Für diese und weitere Fälle sowie eine profunde Analyse dazu s. Ezli 2023)

Auch hier zählt allein die Hauptschulempfehlung der Lehrerin. Sie ist der Beleg für den strukturellen Rassismus in Deutschland. Was ist aber mit den Strukturen, die es offenbar erlaubt, ja ermöglicht und gar gefördert haben, dass die Schülerin Klassenbeste geworden ist. Es leuchtet nicht ein, dass die eine Haupt- oder Sonderschulempfehlung auf Strukturen verweist, während das eigentliche Vorankommen scheinbar ganz ohne strukturelle Bedingungen, ja trotz der Strukturen möglich geworden ist.

Mpolo Mikangou erzählt weder eine Geschichte des Traumas noch der Vulnerabilität, sondern bleibt innerhalb der konkreten Erzählsituation und steuert als Bürger und als Künstler seine Erinnerungen zum Topf der multikulturellen Gesellschaft bei. Hier erhält das Mantra des Multikulturalismus, nach dem die unterschiedlichen Kulturen eine Bereicherung sind, seine volle Berechtigung. Mikangous Weg ist derjenige, den viele Migranten und ihre Nachfahren gehen: sich nicht beirren lassen, sich nicht auf negative Erlebnisse, die zum Leben gehören, fixieren, sondern vielmehr die Möglichkeiten wahrzunehmen und zu schätzen wissen. Mpolo Mikangou, der Koch und Künstler aus Düsseldorf, entfaltet seine Erzählung von den Leistungen her, die er erbracht hat. Und das ist hier zuallererst das Kochen.

»Ich habe ein gutes Verhältnis zum Kochen«, sagt er. Natürlich liegt das auch daran, dass es um Erinnerungen geht, die sich auf das Essen beziehen. Die Wurzelmetaphorik, mit der Migrationserzählungen üblicherweise arbeiten, kommt auch hier zum Einsatz: »Meine Wurzeln beeinflussen meine Art zu essen und zu kochen total.« Aber auch sie bleiben innerhalb des konkreten Gebrauchszusammenhangs, drängen nicht über ihn hinaus, um dann etwa in Identitätsbehauptungen zu erstarren. Selbstverständlich liegt das auch am vorgegebenen Format: eine Sendung über das Kochen. Aber genau sie ist ein gutes Beispiel, warum die Migrationserzählungen erst dann ihre tatsächliche Heterogenität entfalten können, wenn sie sich innerhalb konkreter Sachverhalte bewegen. Sobald sie diese Verbindung verlieren, versteigen sie sich in abstrakte, totalisierende Diskriminierungserzählungen, wie wir sie bereits in denen des türkischen Vaters mit den zwei erfolgreichen Töchtern oder dem jungen Mann vom Vorstand der Moschee gesehen haben.

Im vorliegenden Fall bleibt die Rede übers Kochen eine Rede übers Kochen, in dem die üblichen Begriffe »Zugehörigkeiten«, »Wurzeln« etc. wie Zutaten eines Rezepts zwar vorkommen, aber kein Eigenleben entwickeln. Sie bleiben ein Teil unseres alltäglichen Lebens, der nicht beständig aktualisiert werden muss.[28] Der Künstler, Koch, Bürger der Einwanderungsgesellschaft entwickelt durch Kochen ein positives Verhältnis zu seinen »kulturellen Wurzeln«; er sagt ja zu sich, wie er geworden ist. Mehr nicht, weniger aber auch nicht. Ja, wir sollten in der Tat auch Geschichten der Diskriminierung erzählen. Die Narrative der Einwanderungsgesellschaft sind aber viel reicher als die kargen, immergleichen Diskriminierungsberichte es suggerieren. Es sind Geschichten, in denen die Subjekte sich und die Einwanderungsgesellschaft bejahen. Sie drohen immer weniger erzählt zu werden. Bald werden *sie* diejenigen Geschichten sein, die nicht mehr erzählt werden, und so zu den »unterdrückten Geschichten« werden, die wir mit dem historisch gut erprobten Widerstandsgestus wieder und viel stärker zu Tage fördern sollten.

28 Das meint wohl der Begriff »undoing Differenz«, mit dem die Autoren Hirschauer und Boll (2017) die Identitätsfixierung entspannen wollen.

## III Vulnerabilität

Ich habe zu klären versucht, dass die vermehrte Referenz auf Hautfarbendifferenz »Weiße/Nichtweiße« nicht alleine auf eine zunehmende Bewusstwerdung gegenüber einem ansonsten versteckten »systemischen« Rassismus zurückzuführen ist. Sie ist vielmehr ein Symptom für Transformationen, die die Affektökonomie der Gesellschaft insgesamt betreffen.

Wie ist es zu verstehen, dass eine Umwertung im Verhältnis von Stärke und Schwäche stattgefunden hat? Woher kommt es, dass sich Subjekte gehalten fühlen, ihre Vulnerabilität auszuweisen? Vulnerabilität bildet, das ist mein Ausgangspunkt, die Grundlage für Subjektivierungen in den Diversitätsdiskursen wie auch für Kritik an gesellschaftlichen Verhältnissen. Darin unterscheidet sich die gegenwärtige Rassismuskritik von den früheren Varianten, bspw. der Kritik durch die schwarze Bürgerrechtsbewegung in den USA in den 1960er Jahren. Die gestiegene Sensibilität gegenüber Rassismus in ihrer konkreten Form resultiert aus der zunehmenden Kulturbedeutung der neuen Empfindsamkeit. Diese Debatte wird inzwischen weit und breit geführt. Sie dreht sich bislang primär um die Frage, ob wir vielleicht zu empfindlich geworden sind. Deshalb steht man vor der Alternative, entweder die neue Empfindlichkeit für überzogen zu halten oder sie umgekehrt als kulturellen Fortschritt zu betrachten.

Das *Philosophie Magazin* (2019) hat dieser Debatte ein Heft mit dem Titel »Das sensible Selbst – Sind wir zu empfindlich?« gewidmet. Andreas Reckwitz kann dort in seinem Beitrag »Dialektik der Sensibilität« der neuen Empfindlichkeit der neuen Mittelklassen sehr viel abgewinnen. Schwierig werde es bloß dann, wenn das empfindliche Subjekt keine Ambiguitätstoleranz mehr zulässt. Ohne diese schlage die für die demokratische Kultur notwendige Empfindlichkeit analog zur »Dialektik der Aufklärung« in ihr Gegenteil um.

Ich habe Zweifel, ob diese Fragestellung hilft, das Phänomen richtig zu verstehen, mit dem wir es derzeit zu tun haben. Mir scheint es weniger darauf anzukommen, ob wir zu viel oder zu wenig sensibel sind, sondern welche Affektregime sich hier über die Empfindlichkeit konstituieren. Wir müssen gar keine neue Dialektik der Aufklärung bemühen, wenn wir unsere Aufmerksamkeit der *Vulnerabilität* als zentralem Element eines neuen Wahrheitsregimes widmen. Tatsächlich gehört *Vulnerabilität* zu jenen Wörtern, die sich in den letzten Jahren ausgiebigen Gebrauchs erfreut haben. Im Gesundheitsbericht des Bundes wird der Begriff klar definiert:

> »Vulnerable Personengruppen, Vulnerable Personengruppe: aufgrund ihrer körperlichen und/oder seelischen Konstitution (z. B. Behinderung, psychische Störung, Schwangerschaft, hohes Alter) oder/und aufgrund ihrer besonderen sozialen Situation (z. B. obdachlose Frauen) verletzlichere (vulnerable) Personenkreise.« (RKI 2008:55)

Der zunehmende Diskurswert von *Vulnerabilität* wird dann besonders greifbar, wenn dieser Begriff sich auf Phänomene bezieht, die eigentlich mit dem Gegenteil assoziiert werden. So wird bisweilen der souveräne Akteur der internationalen Politik, nämlich der Staat, auf diese Weise kategorisiert. Auf ihrer ersten Asienreise sprach etwa die deutsche Außenministerin Annalena Baerbock von »verwundbaren Staaten«, die vom Klimawandel besonders gefährdet seien. Unter der Leitung der Bundesrepublik Deutschland wurde ein Schutzschirm zusammen mit den V20 (The Vulnerable Twenty Group) und den G7 initiiert.

»Der globale Schutzschirm gegen Klimarisiken […] dient den von Klimaschäden betroffenen Menschen – zumeist in ärmeren und verwundbaren Staaten. Vor allem im Katastrophenfall soll ihnen schnell und unbürokratisch geholfen werden« (Die Bundesregierung informiert 2022).

Es ist noch offen, ob demnächst selbst souveräne politische Einheiten, die die Staaten nun einmal sind, dauerhaft als *vulnerabel* betrachtet werden. Wir wohnen jedenfalls beim möglichen Einsatz des Begriffs diesseits dieser äußersten Grenze einer Proliferation der *Vulnerabilität* bei. Sie ist längst keine Randkategorie mehr und beschränkt sich nicht auf bestimmte marginale Gruppen, die ihren Platz als *vulnerable* in einem konkreten Gebrauchszusammenhang erhalten, wie etwa Ältere oder Chronisch-Kranke bei einer Pandemie. Vielmehr haben wir es mit einer umgekehrten Entwicklung zu tun. Marginalisiert-Sein gewinnt gerade als Referenzpunkt der Subjektivierungen enorm an Bedeutung. Schaut man sich aber die identitätspolitischen Forderungen an, die im Namen der »marginalisierten Gruppen« zur Sprache gebracht werden, drängt sich der Eindruck auf, dass *Vulnerabilität* immer weniger ein Ausgesetzt-Sein mit einem situativen Bezug zum Ausdruck bringt, sondern vielmehr als ein Status fungiert. Deshalb steht es auch nicht jedem zu, sich als *Vulnerabler* anzumelden.[29]

Drückt sich also in der Vulnerabilität der Geist unserer Gegenwart aus? Die Aussage wäre zu voreilig. Allem Anschein nach kursiert aber Vulnerabilität zumindest in der westlichen Welt als anerkannte Währung.

**29** Die Mikroaggressionen-Theorie weist die Annahme zurück, dass »Weiße« ihrerseits diskriminiert werden könnten. Paradoxerweise wird die Kritik an Privilegien selber zum Privileg, das anderen Gruppen vorenthalten wird. Eine Lehrerin, die Sensibilisierungsprogramme an den Schulen durchführt, sprach von dem Problem, für die Diskriminierungserfahrungen von »weißen Schülern und Schülerinnen« in den Schulen, wo sie inzwischen in der Minderheit sind, keine Begriffe zu haben. Sie wollte nicht von Rassismus gegen die »Weißen« sprechen, die Probleme dennoch benennen.

Viele Staaten in der Welt mögen besondere Schutzmaßnahmen für vulnerable Personenkreise und Gruppen treffen; Vulnerabilität dient aber nur in der westlichen Welt als Referenz, mit der die *Subjekte* als vulnerable *ermächtigt* werden, Subjektivitäten sich von diesem Status aus bilden. Aleviten in der Türkei, Rohingya in Myanmar oder Uiguren in China könnten sich mit Fug und Recht als vulnerable Gruppen präsentieren. Solange der Abnehmer, also die Instanz, an die man appelliert, kein Ohr dafür hat, läuft der Versuch ins Leere. Deshalb gibt es dort derlei Versuche nicht.

Damit die Schwäche, die Ausgesetztheit, die Machtlosigkeit Macht entfalten kann, bedarf es bestimmter kultureller Affinitäten: z. B. der Urszene, wie die drei Heiligen Könige sich vor dem vulnerabelsten Wesen des Universums, dem menschlichen Baby, verneigen; dass der Glaube mit der Kreuzigung Gottes beginne; oder die Überzeugung, dass die »Letzten die Ersten sein werden«. Es wäre aber falsch, von hier aus gleich auf die gegenwärtige positive Deutung der Vulnerabilität zu schließen. Die Geschichte des christlichen Europas ist ja, wie anderswo auch, alles andere als die Würdigung der Vulnerablen oder überhaupt der Schwachen gewesen. Die Annahme ist trotzdem nicht falsch, dass die hohe Kulturbedeutung der heutigen Vulnerabilität in der westlichen Welt ihrerseits weiterreichende Genealogien aufweist, die mitunter auch religiös imprägniert sind. Das führt uns zur Debatte um das Opfer, die ich hier kursorisch anspreche.

Wie lässt sich diese Genealogie kurz und bündig beschreiben? Auf welche Weise ist sie möglicherweise christlich geprägt? In seiner »anthropologischen Apologetik des Christentums« spricht Rene Girard (2002) davon, dass es ein probates Mittel in der Kulturgeschichte gewesen sei, die Eintracht einer Gemeinschaft auf Kosten eines Sündenbocks wieder herzustellen. Alle Mythen erzählen im Grunde von dieser Gewalt am Opfer, verklären es aber. Erst die Evangelien, nicht jedoch das historische Christentum, so Girard, legen diesen Mechanismus offen, setzen sich für das Opfer ein. Entgegen allen Behauptungen der Dekonstruktivisten hätte unsere Zeit sehr wohl ein Absolutes in ihrer Sorge um das Opfer. Girard fügt allerdings auch hinzu, dass mit seiner Rehabilitierung zugleich die Gefahr verbunden sei, dass die mimetische Ansteckung jetzt andersherum erfolgen könnte: nämlich als Opferwettbewerb. Girard spricht gar von einem »totalitären Imperativ«, der durch »ständige Überbietung« ausgelöst werde. Es sei eine »Dauerinquisition«, der sich die westliche Zivilisation unterziehe bzw. die von anderen an ihr ausgeübt werde.[30]

Anders als Girards Anthropologie des Opfers setzt sich Svenja Goltermann (2017) mit dem Opfer-Begriff historisch auseinander. Während das Opfer geschichtlich ursprünglich einen aktiven Typus bezeichnete – also bedeutete, sich für eine Sache herzugeben, aufzuopfern, das Leid bereitwillig auf sich zu nehmen –, wird dieser ab Mitte des 19. Jh. nach und nach von einem passiven Typus überlagert, der Taten,

**30** Solcher Art Opfererzählung findet man tatsächlich nicht in jeder religiösen Urszene. Jedenfalls nicht in der sunnitisch-muslimischen Geschichte. Selbst die Kreuzigung wird im Koran vermieden. Nach islamischer Überzeugung ist Jesus nicht am Kreuz gestorben. Es »schien ihnen nur so«, sagt der Koran (Sure 4,157), doch in Wirklichkeit sei niemand gekreuzigt worden, stattdessen habe Gott Jesu zu sich geholt. Man kann sich wohl nicht vorstellen, dass Gott seinen eigenen Sohn opfert (abgesehen davon, dass er keinen Sohn haben darf) und ein Gott, der nur allmächtig sein kann, derart malträtiert wird. Eine Opfergeschichte bietet sich hier für die Selbstaffirmation definitiv nicht an, weder im Koran noch im historischen Islam. Erdoğan und jüngere Islamisten nehmen hingegen durchaus einen Opferstatus für sich in Anspruch, wenden ihn aber umgehend in den Modus des aktiven Helden, der zum Angriff übergeht. Die Opfer-Rhetorik dient hier lediglich zur inneren Mobilisierung der Gemeinschaft und bietet zugleich den strategischen Vorteil, an liberale westliche Öffentlichkeiten zu appellieren. Die Sympathie, die die Hamas aus den postkolonial gestimmten Milieus erfährt, erklärt sich auch auf diese Weise.

Handlungen, Ereignissen, schließlich gar Strukturen ausgesetzt ist. Bis dahin wurden weder die Hungertoten noch die Kriegstoten als Opfer verzeichnet.

Der Opferbegriff, wie er heute benutzt wird, findet sich auch im politischen Diskurs nicht wieder. Weder Marx noch die Arbeiterbewegung thematisieren die dramatische Lage der Arbeiter unter dem Gesichtspunkt des Opfers eines Systems. Dass sie strukturell der Ausbeutung ausgesetzt sind, lässt sie, anders als es der »Klassismus-Ansatz« gegenwärtig tut, nicht als Opfer erscheinen. Vielmehr holen die Arbeiter ihre Stärke aus ihrer Klassenlage, die nicht als eine hilflose Ausgesetztheit wahrgenommen wird (Goltermann 2017: 18 f.).

Zwar wurde mit den neuen Kriegen der Nationalstaaten überhaupt erst damit begonnen, die Verluste, also die Getöteten und Verwundeten, systematisch zu erheben. Als Opfer wurden sie jedoch noch nicht bezeichnet. Eine Ausnahme macht Goltermann aus: Wenn Soldaten im letzten Viertel des 19. Jahrhunderts nicht an Kampfhandlungen, sondern »an Krankheiten starben, die durch bessere hygienische Verhältnisse, angemessenere Ausrüstung und ausreichende Ernährung vermeidbar gewesen wären« (a. a. O.: 235), wurden sie als Opfer registriert. Es hat den Anschein, dass dem Opfer etwas Unnötiges anhaftet, was vermieden hätte werden können und sollen.

Die Ausweitung des Opferbegriffs lässt dann aber nicht lange auf sich warten. Neben dem heroischen Opfer, das gegen Ende des 19. Jahrhunderts und bis zum Ende des Zweiten Weltkrieges noch ausgiebig pathetisch gefeiert worden ist, spricht man inzwischen mehr und mehr von Kriegsopfern, Unfallopfern, Erdbebenopfern, Missbrauchsopfern, ganz aktuell auch von Corona-Opfern etc. Goltermann selbst weist auf zwei Gründe hin, die die Zunahme und Pluralisierung von Opferzuschreibungen bedingt hätten: Erstens sei dies mit der Unterscheidung zwischen legitimer und illegitimer Gewalt verknüpft, aus denen Bemühungen um die »Zivilisierung« des Krieges hervorgingen, womit sich auch neue »Rechtsvorstellungen und dann auch völkerrechtliche Normen entwickelten«. Der Begriff des »unbedingt schützenswerten Zivilisten« gehört zusammen mit »Kriegsverbrechen« und »Menschenrechtsverbrechen« in diese neue Wissensordnung (a. a. O.: 236). Der zweite Grund, den Goltermann anführt, betrifft die »Entstehung eines neuen Traumakonzepts«. Die Diagnose der posttraumatischen Belastungsstörung sorgt dafür, dass psychische Beschwerden »nicht mehr auf ›Anlage‹ oder ›Persönlichkeit‹« zurückgeführt, »sondern lediglich mit Bezug auf ein äußeres Ereignis« erklärt werden (a. a. O.: 237).

Man kann diesen Wandel makrosoziologisch mit der Herausbildung moderner Staaten, mit der Mechanisierung des Kriegsgeschehens und dessen Ausweitung auf die Gesamtbevölkerung, mikrosoziologisch mithilfe von Foucaults Begriffen Disziplinarmacht und Bio-Macht in Verbindung bringen. Wenn Goltermann von der neueren Entwicklung spricht, Ansprüche gegen den Staat zu erheben, setzt das voraus, dass diese Instanz für die Leiden ihrer Bürger empfänglich und adressierbar geworden ist. Bereits mit dem Typus der Disziplinarmacht war die Macht dazu übergegangen, sich nicht mehr durch Theatralik der öffentlichen Gewalt in Szene zu setzen, sondern mittels Schaffung gelehriger Körper durch Disziplin zu wirken.

Eine neue Qualität erhält die Sensibilität gegenüber körperlichen Qualen mit der Wendung zur Biomacht. Diese kümmert sich nunmehr um das Leben der Bevölkerung, ihre Potenziale, Gesundheit, Wachstum, Risiken etc. Die Biomacht grundiert das Dispositiv, in dem Subjekte primär von ihrer Vulnerabilität aus adressiert werden können. Goltermanns historische Analyse wäre insofern fortzuführen, indem man den Aspekt der Subjektivierung mit ins Spiel bringt. Auch hier verbietet sich ein Kurzschluss: Wie die Frage danach, ob wir zu empfindlich geworden sind, zu kurz greift, kommt es auch beim Opfer nicht alleine darauf an, dass sich das heroische Opfer zu einem passiven hin wandelt. Goltermanns erhellende Studie bleibt bei der Diskussion stehen, ob die Kritik am passiven Opfer berechtigt ist oder nicht. Folgerichtig unterstreicht sie ähnlich wie Reckwitz, dass es eben diesem Begriff zu verdanken sei, Kritik an Gewaltverhältnissen aussprechen und ausüben zu können. Dadurch gerät aber die spezifische Qualität der neueren Entwicklung aus dem Blick, in der der Anspruch auf den Opferstatus auch Subjektivitäten begründet und Affektlagen davon unmittelbar geprägt werden.

Die folgerichtige Schwächung des aktiven Opfers, das sich in zwei mörderischen Weltkriegen mit katastrophalen Folgen hemmungslos ausgetobt hatte, geht mit der Aufwertung des passiven Opfers einher. Der aktive Typus wird durch den passiven verdrängt, weil die reaktiven Kräfte über die aktiven obsiegen (Deleuze 2002: 122 ff.). Mit dem Helden ist nicht zwingend der heroische Kämpfer gemeint. Die physische Schwäche steht dem aktiven Typus nicht im Wege, sofern er die Gefahr und das damit verbundene Leid um seiner Sache willen auf sich nimmt. Der sich Aufopfernde, der Schenkende definiert sich nicht von seinem Leiden aus, sondern nimmt das Leiden und den damit verbundenen Schmerz in Kauf. Das Heroische hat keinen Platz mehr in der schönen neuen Welt des Westens – im krassen Gegensatz zur Filmwelt, in der es in die Vergangenheit, oft ins Mittelalter oder auch in ferne Galaxien verbannt wird. In unserem analogen Leben dürfen nur noch Feuerwehr und Pflegepersonal Helden sein. Die amtliche Auszeichnung »Bildungsheldin« kommt noch hinzu, danach ist aber Schluss.

### *Schwäche als Tugend: »Kulturelle Aneignung«*

Besonders anschaulich wird die Gemütslage der Vulnerabilität an der Klage über »Kulturelle Aneignung«. Das Subjekt imaginiert sich hier, wie auch bei der Kritik an Privilegien, immer schon von seiner Unterlegenheit her, schaut von unten nach oben *herauf*. Dieser Ausdruck »nach oben *herauf*schauen« mag sprachlich nicht korrekt sein. Denn wenn wir nach oben schauen, gehen wir von unserem Stand aus, schauen wir *hinauf*. Gleichwohl trifft das »herauf« hier die Sache besser, weil man sich beim Nach-oben-Schauen von dem Blick des Gegenübers her betrachtet, das höher steht als man selbst. So lässt man die selbst wahrgenommene, dabei in Anspruch genommene Unterlegenheit durch den Blick des Höherstehenden bestätigen. Denn es reicht in diesem Fall keineswegs aus, dass man sich als unterlegen wahrnimmt. Wenn das alles wäre, könnte man dieses Problem durchaus anders lösen. Ich fühle mich zwar unterlegen, nehme mich in meiner beklagenswerten Lage durchaus realistisch wahr und versuche möglichst unbeschadet durchzukommen, hege dabei aber zugleich die Hoffnung, dass der Moment kommen wird, an dem ich das Joch abwerfen kann. Ich muss dafür die Kräfteverhältnisse nicht entlang von Gut und Böse moralisieren: Einzig ein objektiver Blick, der über praktische Möglichkeiten nachdenken lässt, ist gefordert.

Das ist aber nicht die Gemütslage der Subjekte, die sich von der Vulnerabilität her definieren, wie wir sie auch in der aktuellen Rassismuskritik finden. Der Mechanismus ist altbekannt. DuBois hat ihn schon vor mehr als hundert Jahren offengelegt: die Definition der schwarzen Identität durch die weiße. In seiner wirkmächtigen, vielzitierten Essaysammlung *The Soul of black folks* (1902) definiert DuBois die Sklaverei nach dem Ende der Sklaverei, indem sich die Schwarzen über den Blick der Weißen als Schwarze und eben nicht von sich aus sehen, wer oder was sie sind. In »Schwarze Haut, Weiße Maske« versucht dann Frantz Fanon, der DuBois' Arbeit fortsetzt, den *freed men (Freigelassenen)* und den ehemals Kolonisierten bewusst zu machen, dass sie sich vom verinnerlichten Blick des Herren befreien müssen. Beide, DuBois wie Fanon, sind sich natürlich vollkommen bewusst, dass dies keine leichte Aufgabe ist, die man durch bloße Einsicht lösen könnte. Fanon wird später auch auf den schockierenden, de-traumatisierenden Effekt der Gewalt setzen, um den verinnerlichten Blick des Herren mit einem viel stärkeren Affekt herauszuschneiden.

Man könnte an dieser Stelle denken, dass eben dieser durch den Sklaven verinnerlichte Blick des Herrn ein Beleg für den »strukturellen Rassismus« sei, also einen eher unsichtbaren Rassismus, der sich in die Strukturen hineingefräst habe. Diese Erklärung ist zwar naheliegend, man sollte sie aber trotzdem zurückweisen. DuBois und Fanon haben nämlich Menschen im Blick, die noch vor kurzem unter den Makroaggressionen eines systemischen Rassismus sowie der Kolonialherrschaft zu leiden hatten. Im Kampf gegen Sklaverei und Kolonialismus waren es unfreie Menschen, die frei sein wollten. Diesen implantierten Blick des Herren galt es mit äußerster Mühe loszuwerden. Die aktuelle Rassismuskritik, die von der Vulnerabilität her erfolgt, kommt hingegen von freien Menschen, die sich als unfrei, in den Fängen eines »strukturellen Rassismus« gefangen und Mikroaggressionen ausgesetzt imaginieren. Man bekommt den Eindruck, dass sie lustvoll am Blick des Herrn hängen, um ihm vorwerfen zu können, dass er für diesen erniedrigenden Blick verantwortlich sei. Wir haben es also mit einer völlig verkehrten Situation zu tun.

Was ist das für ein Subjekttypus, der sich von oben herunter mit dem Blick des Herren anschaut, um ihm dies vorzuwerfen? Er ist in seiner Selbstwahrnehmung ein unterprivilegiertes, grundsätzlich verwundbares Subjekt, dem stets etwas genommen werden kann. Seine Existenz wird von einem strukturellen Mangel her beschrieben. Dass die »Weißen« Jazzmusik praktizieren, oder ein Elvis Presley mit Elementen aus der Musik der Schwarzamerikaner *Rock and Roll* erfindet, oder dass wiederum andere »Rasta-Locken« tragen, obwohl sie nicht zu den »People of Colour« gehören, kann unterschiedlich gedeutet werden, je nachdem, welche

Affekte im Spiel sind.[31] Der Vorwurf der »kulturellen Aneignung« konstruiert ein Subjekt, das sich von Grund auf als »der Schwache« imaginiert, der wie paralysiert dasteht, dem etwas genommen wird. Er ist nicht jemand, der aktiv etwas tut und schon gar nicht etwas von sich gibt, hergibt, schenkt, weil er eben über eine Seins-Fülle verfügt. Wurden die Schwarzen aus dem Süden der USA um ihre Jazz-Musik bestohlen, oder haben sie der Kulturwelt den Jazz geschenkt? Das ist eine Frage der Perspektive, die, je nachdem, ob sie von oben oder von unten erzählt wird, mit unterschiedlichen Affektlagen verbunden ist. Es ist die Frage, wie man auf sich und von wo aus man aufs Gegenüber schaut. Im Diskurs der Diskriminierungskritik, die sich als die Problematisierungsweise der Diversitätsdiskurse etabliert und immer mehr die Diversitätsrede überlagert, kommen die Minderheiten stets als ohnmächtige, strukturell Vulnerable vor. Und zwar ungeachtet der rechtlichen und politischen Strukturen, in denen sie tatsächlich leben: ob sie qua Gesetz unterschiedlich positioniert werden (bspw. Ausländerstatus) bis hin zum rechtlosen Status von Sklaven (wie in den USA), oder formal gleiche (politische und soziale) Rechte bekommen (wie gegenwärtig etwa in Deutschland).

## *Subtile Formen des Willens zur Macht*

Den Wandel an Leidensfähigkeit beobachtete Friedrich Nietzsche bereits vor mehr als hundert Jahren:

31 Wenn ich hier auf dieses Thema rekurriere, meine ich keineswegs, dass der Vorwurf der »kulturellen Aneignung« weitreichende praktische Folgen für die Gesellschaft hätte. Für die Betroffenen kann es natürlich durchaus ernste Folgen haben, immerhin werden Auftritte abgesagt. Hauptsächlich dient der Vorwurf jedoch zur Klickmaximierung in der Aufmerksamkeitsökonomie des Digitalkapitalismus, die von der Produktion von Sensation lebt (dazu Kap. IV). Ich gehe hier darauf nur ein, weil sich darin die Affektlage dieses Subjekttypus anschaulich studieren lässt.

> »Es giebt heute fast überall in Europa eine krankhafte Empfindlichkeit und Reizbarkeit für Schmerz, insgleichen eine widrige Unenthaltsamkeit in der Klage, eine Verzärtlichung, welche sich mit Religion und philosophischem Krimskrams zu etwas Höherem aufputzen möchte, – es giebt einen förmlichen Cultus des Leidens.« (Nietzsche 1999b: § 293.)

Ein »Cultus des Leidens«, der sich damals womöglich nur dem geübten Blick offenbarte, ist heute zum Allgemeingut geworden. Die Versuchung ist groß, zu einer marginalisierten Gruppe gehören zu wollen. Die Wunden, die man zeigen kann, machen einen zum Gerechten, verleihen Autorität, mit der man die vermeintlich Mächtigen, die strukturellen Peiniger verklagen kann. Hier sollte man sich von dem Wort »strukturell« nicht irreführen lassen. Es handelt sich letztlich um Moral, die immer die Personen adressiert.

Auch die Angehörigen der Mehrheiten können an der Machtfülle leiden, die sie sich zuschreiben, weil sie sich nach dieser Logik strukturell in einer privilegierten Position befänden. Ich rate hier zur Vorsicht: Es könnte sich dahinter eine viel raffiniertere Form des Machtwillens verbergen. In den liberalen Milieus der westlichen Welt sind schroffe Gesten des Machtwillens lächerlich geworden und nur noch in den Milieus der Rechtsextremisten anzutreffen. Verfeinerte Formen des Machtwillens bestehen aber darin, auf eine Weise zu leiden, wie es nur die Privilegierten können: Es ist durchaus ein Privileg, wenn nicht *das* Privileg schlechthin, an den eigenen Privilegien zu leiden. Welcher Mechanismus ist hier aber am Werk?

Indem ich an meinem Status als Privilegierter oder Mächtiger der Dominanzstrukturen leide, empfinde ich mich stets als mächtig. Ich unterstreiche das unentwegt. Wir dürfen nicht vergessen, dass hier keine rechtlich gefestigten Privilegien gemeint sind, aus denen etwa Nichteinheimische ausgeschlossen wären. Es handelt sich in der Regel um »Mikroaggressionen« oder softe Formen von Ungleichheiten, die sich faktisch nicht restlos aus der Welt schaffen lassen: Wenn ich bei der Wohnungssuche wegen meiner Herkunft keine Probleme bekomme; wenn ich nicht anlasslos kontrolliert werde; wenn bei meiner Bewerbung lediglich meine Qualifikation zählt, dann bin ich damit bereits privilegiert. Das macht mich unberechtigterweise mächtig gegenüber den »Nichtweißen«, denen das alles widerfährt. Die Subtilität dieses Machtwillens liegt nun darin, dass der Mächtige, der seine Macht auf »strukturell angelegte Privilegien«, inzwischen ein anderes Wort für »Erbsünde«, zurückführt, im Akt des Eingestehens auf diese Macht verzichtet. Tatsächlich besteht die größte Macht nicht darin, von den Möglichkeiten Gebrauch zu machen, die einem wegen der eigenen Position zur Verfügung stehen, sondern mit großem Gestus darauf zu verzichten.

Nun, das ist eigentlich ein edler Akt. Der wahre Widerstand drückt sich genau darin aus. Das gilt prinzipiell auch für die Unterprivilegierten. Selbst unter den widrigsten Bedingungen ist eine edle Haltung möglich. Das ist etwa jene von Onkel Tom, einer missverstandenen Figur der Kulturgeschichte, die eine weiße Amerikanerin kreiert hat. Bei einer Bestrafung bekommt Onkel Tom die Chance, auf den Befehl seines Besitzers hin eine weggelaufene Sklavin auszupeitschen. Das ist die perverseste Strafe, die der Herr über ihn verhängen kann. Dass diese Macht, die dem gutmütigen Sklaven Tom zugesprochen wird, aus Zwang besteht und nur geliehen ist, tut nichts zur Sache. Ist denn nicht jede Macht geliehen? Onkel Tom bekommt jedenfalls die Macht übertragen, die Sklavin auszupeitschen und dadurch seine Lage zu bessern. Sein Widerstand besteht exakt darin, dass er auf diese Macht verzichtet. Er nimmt lieber die Folgen auf sich. Sein Leiden ist von einer ganz anderen Natur als das Leiden der vermeintlich Privilegierten und der vermeintlich Marginalisierten in der westlichen Welt. Er ist kein passives Opfer, das nur noch erleidet, was die anderen ihm antun, sondern derjenige, der in seinem Leiden aktiv zum Subjekt wird. Er ist nicht bloß jemand, der Gewalt erleidet, sondern jemand, der in seiner freien Entscheidung, in der Zurückweisung des Befehls seine Erhebung findet – nicht weil er leidet und dieses Leiden zelebriert, wie ein Kind seinen wunden Finger herumzeigt, um Aufmerksamkeit zu bekommen, sondern weil er das Leiden annimmt und es zugunsten eines höheren Wertes ignoriert. Der Spruch Jesu »Mein Reich ist nicht von dieser Welt« findet hier seine Bestätigung.

Der Privilegierte, der an seinen Privilegien leidet und seinen Wert darin sieht, dass er diese vermeintlich privilegierte Position nicht bejaht, ist weit entfernt von einer solchen Haltung. Der lächerliche Aufruf, sich seiner Privilegien bewusst zu sein und sich deswegen schuldig zu fühlen, kostet nichts. Sich mit seinen »Vorurteilen« in einer Nabelschau zu beschäftigen, bringt womöglich sogar Forschungsgelder ein. Onkel Tom musste einen hohen Preis zahlen für seinen Verzicht auf das Privileg, eine Sklavin auszupeitschen. Das Schuldbewusstsein, das die »strukturell Privilegierten« empfinden, ist hingegen strukturell verlogen. Ich plädiere dabei keineswegs für ein aufrichtiges schlechtes Gewissen, sondern im Gegenteil dafür, sich davon loszusagen.

Damit der an seinen Privilegien leidende liberale Westler sich als Privilegierter empfinden kann, muss er stets eine Gruppe von Marginalisierten ausmachen, an die er seine Schuldgefühle liefert. Dafür verkehrt er einen maskulinen Spruch ins genaue Gegenteil: Aus »Viel Feind', viel Ehr'!« wird: »Viel Marginalisierte, viel Schuldgefühl«. Deshalb muss der Privilegierte sein konstitutives Außen, die ihm gegenüber Unterprivilegierten stets festmachen. Sonst kann er sich nicht fühlen: Migranten (+ Migrantinnen ...), Muslime (+ Musliminnen ...), Schwarze (+ Frauen ...), Marginalisierte (+ Frauen ...), Von-Rassismus-Betroffene (+ Frauen ...), Rassistisch-Diskriminierbare (+ Frauen ...), der globale Süden etc. Die Gruppe der Marginalisierten kann nahezu unbegrenzt erweitert werden. Selbst die Hamas kann mit welchen Taten auch immer beantragen, in die Gruppe der Marginalisierten aufgenommen zu werden.

Die Front der Unterprivilegierten, die hauptsächlich aus der Kolonialzeit stammt, wird dabei umgewertet. Der irrationale Wilde und der der Selbstbeherrschung unfähige Orientale haben keinen legitimen Platz mehr im Diskurs. Ihre Pendants – *Der edle Wilde* und *der sinnliche Orientale* – verschwinden aber nicht ganz; als negative Folie bleiben sie bestehen, um ihre Funktion, der Andere der westlichen Zivilisation zu sein, weiter auszuüben. Die radikale Umwertung der Werte, von der Nietzsche sprach, findet eigentlich jetzt erst statt: Selbst der edle Wilde ist jetzt keine positive Figur mehr, auch der sinnliche Orientale nicht. Sie deuten nunmehr alle auf ein weiteres Unrecht an diesen Völkern, das perfide in deren vermeintlicher Erhebung liege.[32] *Die anderen haben gar kein Gewicht mehr.*

Dieses perverse Leiden an sich selbst, das Leiden an seinen vermeintlichen strukturellen Privilegien entwertet paradoxerweise die anderen. Diese werden als passive Wesen imaginiert. Das ist schließlich die Voraussetzung für die Vorstellung, dass man von sich aus immer schon mächtig ist, so sehr man ein armer Hanswurst sein mag. Selbst der ärmste Hanswurst kann sich angesichts der marginalisierten Gruppen mächtig fühlen, denen er mit einem gönnerhaften Gestus sein schlechtes Gewissen serviert. Er erkauft

32 Die Angst davor, irgendwen verletzen zu können, und die Hybris, die in der Vorstellung steckt, die anderen jederzeit verletzen zu können, nimmt bisweilen absurde Züge an. Selbst ein Tanzauftritt auf der »Interkulturellen Woche von 2021 mit dem Titel ›Arabic Dance mit Yvette und Ensemble‹« in Gummersbach kann unter Verdacht geraten, rassistische Stereotypen zu produzieren, die zu ›rassistischen und diskriminierenden Momenten‹ führen können«. Özkan Ezli beschreibt eine solche groteske Situation: »Die Kategorie Araber gebe es nicht, der Begriff homogenisiere in seiner Verwendung eine vielfältige Bevölkerung und spiegele schließlich ein kolonialistisches Narrativ – so die Studie.« (Ezli 2024). Selbst die Araber darf es nicht geben. Was sie wohl davon halten?

seinen Selbstwert auf Kosten des zelebrierten Leidens der anderen. Das Leiden, das man für sich in Anspruch nimmt und den anderen zuspricht, den anderen unterstellt, hat nichts Erhebendes.

Der an seinen Privilegien leidende Westler hat den omnipräsenten Rassismus in sich entdeckt, den er mit einem christlichen Eifer bis in die entlegensten Ecken der Sprache verfolgt. Seitdem es die Seele nicht mehr gibt, ist die Sprache der Einsatzort, auf dem die moralischen Kämpfe ausgefochten werden. Der säkularisierte Westler mag glauben, dass er die christliche Erbsünde überwunden hat. Aber er hat eine neue Erbsünde, die Erbsünde des Kolonialismus, des Rassismus, der Moderne entdeckt, an der er sich abzuarbeiten hat. Wer so mächtige Schuld auf sich geladen hat, braucht sich um seine Heilsaussichten nicht zu sorgen.

### *»Weiße Privilegien« und Ressentiment*

Es ist eine Sache, dass die Minderheiten für mehr Gleichheit in den Lebensverhältnissen kämpfen und Allianzen für diese Politik bei den Mehrheiten suchen. Die schwarze Bürgerrechtsbewegung hat genau das getan. Initiativen wie »Mach meinen Kumpel nicht an!«, Lichterketten Anfang der 1990er Jahre und Protestkundgebungen von Hunderttausenden gegen die Deportationsfantasien der AfD und der Identitären im Januar/Februar 2024 haben den gleichen Geist der Solidarität zum Ausdruck gebracht, den die Migranten brauchen.

Eine völlig andere affektive Grundlage ist es, wenn die Gleichheitsforderung mit der moralischen Wertung verbunden wird, dass Mehrheiten aufgrund ihres Mehrheitsseins zu beklagen seien, weil ihre soziale Lage mit Privilegien verbunden sei. Das schreibt gerade die vermeintliche Frontstellung zwischen Mehrheit und Minderheiten fest und lässt sie nur noch als diese Gruppen gegeneinander antreten. Entscheidend ist an dieser Stelle die Affektlage, in der im Namen der Minderheiten Forderungen artikuliert werden.

Im ersten Fall haben wir es damit zu tun, dass die Repräsentanten der »Unterprivilegierten« die Lage der Mehrheit als den Normalzustand betrachten und daran partizipieren wollen. Das gilt nicht nur für Mehrheit/Minderheit-Verhältnisse, sondern generell mit Blick auf Repräsentanten und Repräsentierte. Die politischen Repräsentanten der Arbeiterklasse waren meist bürgerlich und haben es auch offen ausgelebt. Arbeiter haben ihnen keinen Privilegien-Vorwurf gemacht, sondern das Lebensideal befürwortet und es ihrerseits – Stichwort Klassenübergänger – nicht selten angestrebt.

Diese Kultur droht in Vergessenheit zu geraten. Anschluss daran finden wir in Rancières Reflexionen aus seiner Studie »Die Nacht der Proletarier« (Rancière 2013), in der er sich dem literarischen Wirken der Arbeiter-Schriftsteller widmet. Deren Werke wurden von der bürgerlichen Presse daraufhin kritisiert, dass sie ja nicht den Alltag ihrer Ausbeutung in ihren Romanen verarbeiten:

> »Viele Arbeiter haben Gedichte geschrieben, aber von den Bürgern und großen Schriftstellern bekamen sie zu hören, dies sei schön und gut, aber keine proletarische Dichtung. Sie müssten Verse über die Arbeit schreiben, Lieder zur Unterhaltung des Volkes. Und stattdessen schrieben sie über hochpoetische Empfindungen, die in edlen Formen zum Ausdruck gebracht würden.« (Honneth und Rancière 2021: 111)

Anders als die Kritiker, die sich ein authentisches Arbeiterleben dargestellt wünschen, das unbeschreibliche Entbehrungen enthält, besteht für Rancière genau hier das Moment der Freiheit für die Proletarier. Es gehe den Arbeitern nicht darum, die Missstände zu zeigen; über ihre Ausbeutung wüssten die Arbeiter ohnehin genug. Ihre Unfreiheit resultiert nicht aus dem Unwissen, das durch eine Aufklärung behoben werden solle, sondern sei in der Aufteilung des Sinnlichen begründet. Die freie Zeit der Arbeiter ist dazu bestimmt, ihre Arbeitskraft für die Produktion zu regenerieren. Genau das verweigern die Arbeiter, wenn sie sich in ihrer Freizeit nutzlos betätigen und damit die kapitalistische Zeitaufteilung durchkreuzen. Mit ihrem literarischen Wirken wollen die Arbeiter an dem Privileg, Nutzloses zu tun, teilhaben, ohne den anderen vorzuwerfen, dass sie privilegiert seien. Dabei führt Rancières uns u.a. das Beispiel eines Schreiners vor, der während der Revolution von 1848 »in einem Reichen-Anwesen im Akkord Parkett verlegt«. Genau in der scheinbar einfachen Beschreibung des Tagesablaufs während der Arbeit findet eine »Rekonfiguration der Alltagserfahrung« statt, »die eine Zeit und einen Raum von Freiheit und Gleichheit mitten in der Zeit und in dem Raum erfindet, in der bzw. in dem er selbst nie wohnen wird« (a.a.O.: 123f.). »Aus diesem Grund«, schlussfolgert Rancière, »ist die Niederschrift der Schilderung eines Arbeitstages für den Schreiner kein Mittel, seine Leiden und Freuden zum Ausdruck zu bringen, sondern eine Möglichkeit, sich als literarisches Tier unter Beweis zu stellen« (a.a.O.: 126).

Diese Analyse hat einen besonderen Platz in Rancières Verständnis von Politik, die ihrem Wesen nach immer schon demokratisch ist, weil sie unmittelbar mit dem Moment der Freiheit zusammenhängt: die Fähigkeit, etwas anderes werden zu können, als die sozialen Bedingungen es vorschreiben »[...] damit ihre Stimme nicht mehr die Stimme ihrer Lage, sondern die Stimme jedes Beliebigen ist, nicht Ausdruck des Schmerzes, sondern der Fähigkeit jedes Beliebigen« (a.a.O.: 127). Deshalb gab es in der Arbeiterbewegung nie den Vorwurf kultureller Aneignung. Arbeiter und Bürgerliche sollten sich in ihrem Sprechen von ihrer jeweiligen Lage befreien. In den heutigen Diskriminierungsdiskursen wiederholt sich die Entmündigung der Arbeiter durch die

Erwartung, nur mit dem Präsentieren des eigenen Leids zu gelten. Gleiches gilt für die Migranten. Ein Migrant hat zunächst und zumeist von seinen Diskriminierungserfahrungen zu erzählen. Versucht er sich von seiner Lage, ein Migrant zu sein, loszumachen, um mit der anonymen Stimme eines Bürgers zu sprechen, wird er bisweilen auf diese Rolle zurückgewiesen. Die entscheidende Frage, die sich an einen Migranten richtet, lautet: Wirst du diese Rolle annehmen?

Für Rancière fängt politisches Handeln dort an, wo »bestimmte Formen des Bruchs möglich erscheinen« (ebd.). Rancière hält nichts davon, Politik der Gleichheit vom Leiden her zu denken. »Wenn wir etwas gegen ›Das Elend der Welt‹ unternehmen wollen«, hält Rancière dem Soziologen des Elends Pierre Bourdieu kritisch entgegen, »müssen wir eben gerade von dessen Charakterisierung als Leiden absehen« (ebd.). Rancière gibt keineswegs die Position auf, Ungleichheiten zu problematisieren. Das gelinge aber nicht, wenn man nicht mit der Sprache der Ungleichheit bricht. Stattdessen rückt er die Kritik an der Ungerechtigkeit in den Fokus:

> »Wenn man die Ungerechtigkeit zum Ausgangspunkt nimmt, ist das nicht dasselbe, wie vom Leiden auszugehen. Die Erfindung anderer Lebensformen, ja sogar anderer Leidensweisen bildet den Kern von Politik und Emanzipation.« (Ebd.)

Rancières Perspektive lässt an der Form der Kritik an Missständen zweifeln, auf die ich jetzt eingehen möchte. Die erste Form der Forderung nach Gerechtigkeit richtete den Blick, wie soeben gesehen, auf die Praktiken der Ungleichbehandlung. Affekte sind hier auf Solidarität hin ausgerichtet und drängen das Subjekt dazu, etwas anders zu werden, als es von seiner Lage her ist. Der Appell an die Mehrheit zielt dabei nicht auf die Evokation des Schuldgefühls. Das, was du besitzt, geht nicht auf meine Kosten. Du musst dich nicht schuldig fühlen, damit ich an der Gleichheit partizipieren kann. Das kann das Subjekt wiederum auch deshalb so artikulieren, weil es ja in der demokratischen Gesellschaft nicht an seine Lage unverrückbar angekettet ist. In der zweiten Form der Problematisierung, der ich mich jetzt zuwende, begegnet uns eine andere Affektlage. Der erstrebte Normalzustand, nämlich die Gleichheit an Chancen und Möglichkeiten, wird hier bereits als ein Hinweis auf den illegitimen Status der Mehrheiten gedeutet, dessen sie sich zu schämen hätten.[33]

Als ein Privileg der »weißen« Deutschen gilt, dass sie bei der Wohnungssuche nicht nach ihrer Herkunft gefragt werden. Stellen wir uns einmal vor, was es bedeutet, die Alteingesessenen nach Herkunft zu qualifizieren, damit dieser Umstand nicht als Privileg gedeutet werden kann. Selbstverständlich wäre das Unsinn und die Kritiker dieser »Privilegien« wollen ja auch nicht, dass alle bei der Wohnungsvergabe nach ihrer Herkunft beurteilt werden. Sie wollen also ebenfalls mit den anderen Bewerbern konkurrieren, ohne dass ihr Aussehen oder die Herkunft ihrer Eltern eine Rolle spielen. Wozu aber hier von Privilegien sprechen,

33 Auf einen recht banalen Fall bezieht sich Robert Pfaller in seinem Buch *Erwachsenensprache*. Er beschreibt eine Szene aus einem Jugendclub in Bielefeld, in der die Musikband *Frische Sahne Fischfilet* auftritt. Wie üblich, macht der Schlagzeuger irgendwann in der Hitze seinen Oberkörper frei. Das sei nicht zulässig, schreiten einige junge Frauen aus dem Jugendclub ein. Solange ein Privileg nicht allen zugänglich ist, bestehe der Akt der Solidarität darin, auf dieses Privileg zu verzichten (Pfaller 2017: 122). Die eigene Ohnmacht, Initiative zu ergreifen, wird den tätigen Anderen als Vergehen in Rechnung gestellt. 68er Frauen hätten da anders gehandelt, sie hätten einfach den Oberkörper freigemacht statt den anderen spießerhaft ihre Freiheit zu verbieten. In dem Spielfilm *Der Bader-Meinhof-Komplex* (Edel 2008) gibt es tatsächlich diese Szene, in der sich die weiblichen RAF-Mitglieder in dem Palästina-Camp, in dem sie für den bewaffneten Kampf trainiert werden, nackt ausziehen. Die arabischen Kämpfer kommen aus dem Staunen nicht heraus, fordern die Frauen auf, sich unverzüglich wieder anzuziehen.

wenn es darum geht, an dem Normalzustand, den sich die politische Gemeinschaft erklärtermaßen zum Ziel gesetzt hat, teilzuhaben? Es geht doch darum, die Geltung des Normalfalls auch auf andere Gruppen auszuweiten, die bislang nicht vollständig in den Genuss der Gleichbehandlung gekommen sind. Das ist eine Politik der Gerechtigkeit. Die Kritik an Privilegien erfolgt jedoch nicht aus einer Perspektive, in der man sich selbst als grundsätzlich gleichwertig wahrnimmt und die mangelnde Gleichheit in Solidarität mit der Mehrheit einfordert, obwohl man von ebendiesem Anspruch auf Gleichheit ausgeht. Stattdessen skandalisiert der Klagende den Normalzustand, um seine Lage als die eines Benachteiligten darzulegen. Eine völlig andere affektive Befindlichkeit ist es daher, wenn die eigene Ungleichheit als Privileg der Mehrheit beurteilt wird, statt sie als einen zu behebenden Mangel zu betrachten. Der Appell zielt auf die Evokation des Schuldgefühls. Das, was du besitzt, ist Unrecht an mir. Du kannst es mit mir nur teilen, wenn du dich deiner Privilegien schuldig bekennst.

Ob eine Politik der Gleichheit (nicht) moralisiert, hängt davon ab, worauf die Kritik zielt: auf die *Taten* oder den *Täter*. Sofern die Kritik die Praktiken (*Taten*) problematisiert, muss sie nicht auf die moralische Klage gegen die Mehrheit zurückgreifen. Im Gegenteil, das wäre politisch kontraproduktiv. Schließlich geht es darum, ein möglichst breites Bündnis für die eigenen Forderungen zu schmieden, die wiederum nicht bloß die eigenen partikularen Interessen berühren, sondern auf eine Allgemeinheit verweisen. Nicht nur weil die Arbeitsmigranten sich nicht über die Hautfarbenreferenz verortet haben, taucht hier die Referenz auf »Weiß« nicht auf, sondern weil auch die Kritik nicht darauf aus war, die Deutschen dingfest zu machen. Eine moralisierende Kritik findet hingegen günstigen Boden in einer Politik, die nicht auf die Taten/Praktiken, sondern auf die *Täter*, auf die Personengruppen abzielt. Selbstverständlich geht man auch hier oft über den Umweg, bestimmte Praktiken zu thematisieren (Wohnungssuche, anlasslose Polizeikontrollen, Bewerbungsverfahren). Aber selbst dieser Hinweis zielt eher darauf, den *Täter*, also die »Weißen«, zu stellen, die strukturell privilegiert seien. Das ist die Gemütslage, für die man mit Nietzsche den Affekt des *Ressentiments* verantwortlich machen kann.

## IV Sichtbarkeit und Repräsentation

*Vulnerabilität* ist ein bedeutender Faktor zeitgenössischer Subjektivierungsformen. Im Verbund mit der Frage nach *Sichtbarkeit* werden daraus Repräsentationsansprüche abgeleitet. In bildlichen Darstellungen von Diversität erscheint Gesellschaft wie ein Familienpanorama. Oft sind es keine Fotos, vielmehr digitale Zeichnungen, die »Kategorien der Humandifferenzierung« (Hirschauer) bildhaft machen sollen: Männer und Frauen (beide trotz aller Verflüssigung der etablierten Vorstellungen an den bekannten körperlichen Erscheinungsformen erkennbar), Behinderte (Rollstuhl), Arbeiter (Arbeitshelm), Muslime (Frau mit Kopftuch), Schwarze (Hautfarbe) u. v. m. – lauter Stereotype.

Bei aller Diversität der Diversitätsbilder lassen sich gleichwohl drei Grundzüge ausmachen. Zum einen schauen die Personen meist den Betrachter direkt an: Siehst du uns? Du musst uns sehen! Sind wir auch alle ausnahmslos sichtbar? Nicht-gesehen-werden ist das zentrale gesellschaftliche Problem. Die soziale Anerkennung erfolgt im Diversitätsparadigma zunächst und zumeist über Sichtbarkeit. Oder die Anwesenden bilden einen Kreis, schauen sich gegenseitig an. Ein Kreis ist besonders geeignet für die Idee, dass keine Hierarchie zwischen den Beteiligten besteht.

Als anderer Grundzug fällt auf, dass Körper in den Vordergrund rücken. Das Diversitätsparadigma (Nieswand 2020), funktioniert über eine Körperlichkeit, die nicht allein, aber insbesondere an den Gesichtern festgemacht wird. Die in den Milieus neuer Mittelklassen von Migranten zunehmende Bedeutung der Hautfarbenreferenz »Weiß/Nichtweiß«, dürfte unmittelbar mit der gegenwärtigen Kulturbedeutung der Sichtbarkeit zusammenhängen.

Der Anspruch der Diversität, Repräsentationsfragen durch Sichtbarkeit der Körper zu beantworten und dabei alle gesellschaftlichen Gruppen sichtbar zu machen, ohne Stereotypen zu bedienen, fixiert dabei ungewollt bestimmte Erscheinungsbilder. Wie können z. B. muslimische Frauen, die *kein* Kopftuch tragen, repräsentiert werden? Auf dem Familienfoto der diversen Gesellschaft werden zwar Frauen mit Kopftuch sichtbar, die zuvor vielleicht in einem Umfeld mit niedrigem sozialen wie ökonomischen Kapital vorgestellt wurden. Im gleichen Zug werden aber sämtliche muslimische Frauen durch das Kopftuch sichtbar gemacht. Der hochgradig angespannte innermuslimische Konflikt um das Tragen des Kopftuchs, der die muslimische Welt seit dem Beginn der Modernisierung begleitet, wird zugunsten des Kopftuchs gelöst. Man möchte eine Ungerechtigkeit beheben, dafür fördert man ein anderes Vorurteil: Die muslimische Frau hat Kopftuch zu tragen. So tut man allen muslimischen Frauen Unrecht, die sich dagegen entschieden haben, und stimmt ungewollt einer fundamentalistischen Position zu.

Diese Ungerechtigkeit der Repräsentation stellt sich aus der inneren Logik der Sichtbarkeit an einem anderen Punkt noch einmal ein. Überall in den öffentlichen Bildern, wo auf die äußerliche Diversität Wert gelegt wird, stechen diejenigen Phänotypen mit markanten Unterschieden zum europäischen die anderen aus, die diesen möglichst großen Kontrast nicht aufbringen können. So ist die in Deutschland größte außer- bzw. grenzeuropäische Minderheitengruppe, nämlich die türkische, in der bildlichen Repräsentation gegenüber den schwarzen und ostasiatischen Gesichtern deutlich unterrepräsentiert. Türken werden anscheinend von den Schwarzen und Ostasiaten mit repräsentiert.

Ein weiteres Problem besteht in der Darstellung der Gesellschaft über die Fixierung auf Hautfarben. Die Wahrnehmung wird darauf gelenkt, dass unterschiedliche Phänotypen (eigentlich nur Hautfärbungen) präsent sind. Ein

Schwarzer ist dann zunächst und zumeist ein Schwarzer. Auf diese Weise soll seine soziale Existenz registriert werden.

Bei aller Nachfrage nach Vollinklusion bleiben Restprobleme bestehen. Wie sollen die sozial Unterprivilegierten bildhaft dargestellt werden? Sie stören das friedliche, sozial versöhnte Panorama der sichtbaren Differenzen, indem sie einen Spalt in jede körperlich sichtbare Gestalt einführen. Der Schwarze kann genauso gut ein armer Flüchtling oder ungelernter Arbeiter sein wie ein Unternehmer, ein Politiker oder eben ein anderer Privilegierter, der »Weiße« wie »Schwarze« gleichermaßen, ganz ungeachtet ihrer Hautfarbe ausbeutet.

Der dritte Grundzug der bildlichen Darstellung der Diversität ist schließlich die fröhliche Stimmung, die die Bilder ausstrahlen. Man ist unter sich, gehört zusammen; alle schauen in eine Richtung, mit einer entspannten Haltung; viele lächelnde Gesichter. Die Gesellschaft der Diversität präsentiert sich als eine versöhnte Gemeinschaft. Es kann also nur noch Akzeptanz und Wohlwollen gegenüber dieser Diversität geben. Und es überrascht umgekehrt doch, dass gegenwärtig das Adjektiv *feindlich* sehr locker auf der Zunge liegt: frauenfeindlich, transfeindlich, migrantenfeindlich, muslimfeindlich. Der Höhepunkt in der befriedeten Kultur ist erreicht, wenn jeder missliebige Satz als *toxisch* wahrgenommen wird. Man könnte dann auch das fröhliche Bild der Diversität von der Kehrseite her betrachten, dem Vorwurf der »Diversitätsfeindlichkeit«, der das friedliche Familienbild gegen mögliche Kritik immunisiert.[34]

Da der Modus der Repräsentation die körperliche Präsenz ist, lassen sich mögliche Spannungen, die es ja auch zwi-

34 Das führt dazu, dass altgediente Feministinnen wie Alice Schwarzer als »transfeindlich« tituliert werden. Schwarzer hatte bereits die Ehre erhalten, »muslimfeindlich« zu sein. Bald wird sie eine Palette negativer Auszeichnungen präsentieren dürfen. Wie paradox ist es denn, dass gerade diejenigen, die über Feindseligkeiten klagen, nur noch Feindseligkeiten verteilen!

schen den Dargestellten über ihre Sichtbarkeit hinaus geben dürfte, gar nicht abbilden. Kritiker der Diversität sprechen hier vornehmlich davon, dass die soziale Frage wegfalle, die der Diversitätsdiskurs mit dem Hilfskonstrukt der Intersektionalität zu reintegrieren versucht. Bei der Integration der sozialen Frage (als »Klassismus«) verschiebt sich aber der Fokus. Hieß es nach dem *Ressourcenansatz*: »Jeder ist gut und bereichernd«, lautet das Motto des *Defizitansatzes*: »Ich werde benachteiligt«. Ist die Sichtbarkeit gar das primäre Kriterium für Gerechtigkeit in der Gesellschaft der Diversität geworden, so ist jeder diskriminiert, der nicht gesehen wird. Die (Nicht-)Sichtbarkeit bezieht sich dabei nicht alleine auf die visuelle Welt, sondern auch auf die sprachliche. Das Gendersternchen sorgt für die Sichtbarkeit marginalisierter Gruppen und sie existiert umgekehrt nicht, wenn es fehlt. Auch bei der Benennung der Opfergruppen bleibt die (Nicht-)Sichtbarkeit wirksam: Neben dem Antisemitismus-Beauftragten, der in Deutschland nicht aus einer abstrakten universalistischen Verpflichtung, sondern aus der konkreten geschichtlichen Erfahrung des Holocausts hervorgegangen ist, wurden weitere Stellen eingerichtet, damit keine Gruppe bei der Repräsentation ihres Leides benachteiligt wird. Mit weiteren Beauftragten darf man rechnen. So wird im Bericht des unabhängigen Expertenkreises zur Muslimfeindlichkeit eine Beauftragte für Muslimfeindlichkeit gefordert (Unabhängiger Expertenkreis Muslimfeindlichkeit 2023: 16, Empfehlung 3). In der »Gesellschaft der Singularitäten« will auch jedes Leid in seiner Singularität gewürdigt werden. Narrative der Einwanderungsgesellschaft zeigen derzeit in die Richtung, dass die Einwanderungsgesellschaft zunächst einmal als einen Hort der Diskriminierungen erfahrbar gemacht wird. Das wird ganz sicher Effekte auf Selbst- und Fremdbeschreibungen der Migranten wie der Einheimischen haben. Der Diskriminierungsdiskurs sendet Anreize dafür, dass Subjekte sich primär als Vulnerable perzipieren und in dieser affektiven Befindlichkeit in Stellung bringen. Das wird weniger edle Gefühle evozieren als vielmehr niedere Instinkte ansprechen.

## *Sichtbarkeit, Sensationslogik, Skandalisierungen*

Eigentlich begegnet uns die Sichtbarkeit nicht bloß als ein Diskurselement oder ein neuer Repräsentationsmodus, der aus welchen Gründen auch immer weitere Subjekte anzieht. Vielmehr ist sie in die ökonomische Struktur der Gesellschaft des Digitalkapitalismus eingegangen. Was wir brauchen, ist daher nicht alleine eine diskursanalytische Sicht, sondern auch eine Kritik der politischen Ökonomie, die ich hier lediglich andeuten kann. Das Begehren nach Sichtbarkeit wird unaufhörlich und strukturell von der Aufmerksamkeitsbewirtschaftung des Digitalkapitalismus produziert, hat seinen Ort in den materiellen Strukturen der Produktion und Konsumption. So beschreibt es Joseph Vogl in seinem Buch *Kapital und Ressentiment – Eine kurze Theorie der Gegenwart* (2021).

Es mag auf ersten Blick abwegig klingen, wenn man zwischen den Forderungen nach Sichtbarkeit der sich als marginalisiert lesenden Gruppen einerseits und der Kommunikation in den sozialen Medien andererseits mitsamt deren ökonomischer Struktur, nämlich der »Aufmerksamkeitsökonomie«, eine Verbindung herstellt. Existieren bedeutet aber gegenwärtig tatsächlich zu einem wesentlichen Teil, sichtbar zu sein. Es kommt darauf an, gesehen zu werden, digitale Medien trimmen uns täglich darauf. Christoph Türcke spricht von einer »neuen Utopie«, die nach dem Motto funktioniert: »Sein ist Wahrgenommenwerden *(esse est percipi)*« (Türcke 2021: 75). Der Blogger und Antidiskriminierungsaktivist Ali Can, der 2018 den Hashtag #MeTwo initiierte, schreibt, dass es ihn wahrscheinlich ohne das Internet gar nicht gäbe (siehe hierzu Ezli 2023: 73). In der Kultur der visuellen Kommunikation und der Produktivkräfte des Digitalkapitalismus erfahren wir die Gesellschaft auf eine Weise, dass unser Sein unmittelbar daran geknüpft wird, dass wir zu sehen sind.

Die Strukturlogik der Digitalkommunikation, die auf Sichtbarmachung abzielt, präferiert Sensation als Form der Nachrichtenvermittlung, die unmittelbar die Affekte anspricht. Sensationen können in alle Richtungen hin erfolgen, sich viral verbreiten, oft bevorzugt in Form von Skandalisierungen, die mit einer Forderung nach Entschuldigung abschließen. Die gesteigerte Sensibilität für Rassismus und die vielen Formen der Diskriminierung werden von der Kommunikationsform der visuell-perzeptiven Sensation geradezu gefördert, indem sie in den Prozess der Klickmaximierung integriert werden. Ein sachlicher politischer Disput zwischen Politikern ohne Rassismusverdacht scheint bspw. nicht mehr möglich zu sein, wenn einer der Beteiligten zu den diskriminierbaren/rassifizierten Gruppen gerechnet wird.

Schleswig-Holsteins Bildungsministerin Karin Prien (Spiegel 2023) hatte, um ein Beispiel anzuführen, bei der Debatte über die sicheren Herkunftsländern ihrer Kabinettskollegin Aminata Touré unterstellt, nicht hinreichend genug zwischen dem eigenen persönlichen Schicksal und dem Amt als Politikerin zu unterscheiden. Tourés Erklärung, dass sich die Landesregierung in der Abstimmung im Bundesrat enthalten werde, sei damit Zeichen mangelnder Professionalität. Möglich ist natürlich, dass Karin Prien die Beweggründe von Frau Touré nicht richtig einschätzte. Aminata Touré muss sich nicht zwingend enthalten haben, weil ihre Familie selbst eine Fluchtgeschichte hat. Aber undenkbar ist es eben nicht, dass das persönliche Schicksal die Entscheidung einer Integrationsministerin beeinflusst. Das alles könnte ohne Skandalisierung debattiert werden. Sehr rasch war aber in dieser Auseinandersetzung von Rassismus die Rede, mit dem Vorwurf war gleich zu Beginn die denkbar höchste Stufe der affektiven Erregung erreicht worden und die Auseinandersetzung war in der Folge so rasch wieder aus den Schlagzeilen verschwunden wie sie aufgekommen war. Schleswig-Holsteins SPD-Vorsitzende Serpil Midyatli war sich sicher, dass Aminata Touré durch die Aussagen von Karin Prien auf ihre Migrationsgeschichte reduziert wird. Dabei merkte Midyatli wohl nicht, dass *sie* selbst die Integrationsministerin darauf reduzierte, so einfach auf etwas reduzierbar zu sein. Als wäre Aminata Touré ein besonders schutzbedürftiges Wesen, das von einem einzigen Satz in seiner ganzen Existenz in Frage gestellt wird. Für die Landessprecherin der Grünen Jugend, Johanna Schierloh, lag hier gar ein »internalisierter Rassismus« vor. Zwei Ministerinnen, die in der Koalitionsregierung zusammenarbeiten, können keinen Streit führen, ohne dass Rassismus der Dritte im Bunde ist. Offenbar wirkt hier die Grundannahme der Rassismuskritik, dass zwischen den Angehörigen der einheimischen Bevölkerung und den Zugewanderten stets ein nicht nur potenzielles, sondern ein akutes Macht- und Dominanzverhältnis besteht. Diese Vorstellung von Macht hat sich inzwischen weitgehend durchgesetzt. Wohl deswegen konnte Karin Prien sich am Ende nicht anders helfen als ihre »eigene jüdische Perspektive« als Argument für ihre Immunität gegen den Rassismus-Vorwurf vorzubringen. Prien wollte scheinbar damit belegen, dass sie in einem Macht- und Dominanzverhältnis keineswegs hierarchisch oben steht. Sie gehört selbst zu den Marginalisierten:

> »In einem langen Interview zu Migrationspolitik wurde ich am Ende auch zur Biografie meiner Kabinettskollegin Aminata Touré befragt. Darauf angesprochen habe ich Verständnis für ihre persönliche Perspektive geweckt und dabei auch *meine eigene, jüdische Perspektive* hervorgehoben.« (Ebd., Hervorhebung von mir, LT)

Dieses Muster von Skandalisierungen wiederholt sich in diversen Bereichen. Eine Folge dieser Skandalkommunikation ist, dass vor allem über Bezeichnungen berichtet und debattiert wird. Die Sachfrage selbst fällt aus dem Blick. Wir erfahren hier etwa nicht, wie die Enthaltung bei der Abstimmung von Aminata Touré sachlich begründet wird, was durchaus zu einem spannenden politischen Streit über Migrations- und Flüchtlingspolitik hätte führen können. Typisch ist dieser Ablauf für einen Diskurs, dessen Gerechtigkeitsmodus über Sichtbarkeit verläuft, weil sich die jeweiligen Positionen an den Körpern der Personen orientieren, nicht an der Sache.

Die durch digitale Medien ins Unendliche gesteigerte Sensationslogik der öffentlichen Kommunikation, die Skandale produziert, verlangt sofort nach Stellungnahmen, die wie Geschosse in Tweets oder Hashtags abgefeuert werden. Der politische Skandal, der in der Sache eigentlich keiner sein muss, dann aber in der Ausführung diesen Charakter bekommt, funktioniert nicht anders als populärkulturelle Ereignisse, die wiederum auch keine Ereignisse im strengen Sinne sind, weil sie den Ablauf der Handlungsströme und Zeiträume nicht unterbrechen. Man kann sich einen beliebigen Tag aussuchen und nach solchen »rassistischen Skandalen« suchen. Auch heute (14. August 2023) wurde von einem solchen Skandal berichtet: »Nach rassistischem Kommentar: Rap-Legende entschuldigt sich bei Eminem« (Teleschau 2023). Das Muster ist üblich: Grandmaster Flash & the Furious Five-Rapper Melle Mel soll im März die Aufnahme des Rappers Eminem in die Liste des Branchenmagazins »Billboard« mit den 50 größten Rappern aller Zeiten kommentiert haben: Er hätte es nicht auf Platz 5 geschafft, wenn er nicht weiß wäre. Eminem kontert nach dem gleichen Schema: Vielmehr habe sein Weiß-Sein verhindert, dass er auf dem ersten Platz landete. Melle Mel entschuldigt sich und damit ist wieder einmal ein Skandal zu den Akten gelegt. Einzig anders an diesem Fall ist, dass hier ein Weißer als Opfer eines rassistischen Kommentars anerkannt wird. Das dürfte künftige Entwicklungen vorwegnehmen. Wenn der Rassismusvorwurf derart generalisiert und banalisiert wird, dann wird jeder bei jedem Missstand mit irgendeiner Referenz auf die Hautfarbe in Anspruch nehmen, Rassismus-Opfer zu sein. Die theoretisch behauptete Brandmauer, nur schwarze und nichtweiße Minderheiten könnten Opfer von Rassismus sein, wird nicht halten.

Diese massenmediale Kommunikation, die über Skandalisierungen und Sensationsproduktion funktioniert, zielt nicht auf die Produktion des Wissens, sondern vielmehr wird das Wissen auf das »Meinungshafte« (Vogl 2021: 176) reduziert, das sich in beliebiger Dosis verbreiten lässt. Ein öffentlicher Diskurs verkommt zu einer Arena, in der möglichst schnell, emotional und mit größtmöglichem Vorwurf reagiert wird. Da hier in der Regel eine Schuldkommunikation stattfindet, bietet sich als Konsequenz folgerichtig die Forderung nach Entschuldigung an. Diese Schuldkommunikation ist bereits in dem Diversitätsparadigma angelegt, das sich immer mehr über Vulnerabilität und Sichtbarkeit reproduziert.

Ein zweites Beispiel: Die Schlagzeile in der *taz* vom 5.10.2021 wird zunächst noch als offene Frage formuliert: »Antisemitismus-Vorwurf gegen Hotel: Wegen Davidstern abgewiesen?« Der Anlass ist ein zweiminütiges Video, das der Musiker Gil Ofarim auf Instagram hochgeladen hat. In einem Leipziger Hotel wird ihm nach seiner eigenen Darstellung gesagt: »Packen Sie Ihren Stern ein, dann dürfen Sie im Hotel einchecken« (Wiemann 2021). Bald weicht das Fragezeichen der Gewissheit, dass es so stattgefunden haben muss. Dementsprechend ist auch nicht mehr von einem Vorwurf die Rede. Selbst diejenigen, die sich von Amts wegen einschalten, lassen jegliche Vorsicht fahren. Man muss dem Betroffenen zuhören, dieser hat die denkbar schlimmste Klage erhoben, sie muss stimmen. Die Antidiskriminierungsstelle des Bundes ist rasch zur Stelle und formuliert ganz ohne die Zurückhaltung, die das Amt eigentlich erfordern würde: »Das ist ein unfassbarer Fall von

Antisemitismus und in der Tat ein Verstoß gegen das AGG. Eine rasche Antwort des Hotels ist überfällig. Aus unserer Sicht kann das nicht folgenlos bleiben.«(Ebd.) Sachsens Innenminister Roland Wöller (CDU) und Wirtschaftsminister Martin Duhlig (SPD) stimmen ein. Für den damaligen Bundesaußenminister Heiko Maas ist »Leipzig kein Einzelfall« (Stephanowitz et al. 2021). Wenn Populismus sich dadurch auszeichnet, dass formale Verfahren und institutionelle Wege, die dazu da sind, einen Fall zu entpersönlichen, um einen objektiven Umgang zu ermöglichen, übersprungen werden, dann bekommt die Rassismuskritik eine populistische Wendung. In der Folge wurde dann aber bekanntlich dem Musiker »falsche Verdächtigung und Verleumdung« vorgeworfen. Gil Ofarim legte schließlich in einem Gerichtsprozess das Geständnis ab, eine falsche Beschuldigung erhoben zu haben. Der Prozess wurde nach einer Verständigung der Prozessbeteiligten untereinander mit der Auflage eingestellt, dass Ofarim 10.000 Euro »an die Jüdische Gemeinde zu Leipzig und den Trägerverein des Hauses der Wannseekonferenz« zu zahlen habe. Der Zentralrat der Juden in Deutschland kritisierte das Verhalten von Gil Ofarim (ZDF Heute 2023).

Man kann diese Fälle nicht bloß als übereilt, unprofessionell oder unnötig hysterisch erklären. Sie sind keine Ausrutscher in einem ansonsten gesittet vonstattengehenden Diskurs über Rassismus, sondern umgekehrt ein Hinweis darauf, dass die gesteigerte Sensibilität über Rassismus weitgehend der Sensationslogik der gegenwärtigen Massenkommunikation folgt. Christoph Türcke sprach bereits 2010 in *Erregte Gesellschaft* davon, dass Sensation (ursprünglich »Wahrnehmung«, so Türcke) immer mehr den Charakter des Spektakulären annimmt. Wahrgenommen werden kann etwas nur, wenn es sich als spektakulär kommunizieren lässt. Jeder Fall kann das Potenzial haben als spektakuläres Ereignis deklariert zu werden:

»Es bedeutet nicht mehr nur das Zurechtmachen von brisanten Ereignissen, sondern auch das Brisantmachen von Ereignissen. Der Grundsatz der Nachrichtenlogik treibt seine eigene Umkehrung hervor: ›Mitzuteilen, weil wichtig‹ wird überlagert durch ›Wichtig, weil mitgeteilt.‹« (a. a. O.: 15).

Die *Clickbaits* verwandeln das gesamte Netz in eine Riesenfalle, in die die Leser mit bewusst unvollständig gelassenen, Sensation versprechenden Schlagzeilen gelockt werden. Das Banale bleibt banal, wird nur durch Weglassen der Information als spektakulär verkauft.

### *Gesicht und Stimme*

Auf dem Familienbild der Gesellschaft, wie es in Diversitätsdiskursen gezeichnet und in ihren Programmen praktisch umgesetzt wird, kommt dem Gesicht eine besondere Bedeutung zu. Im ersten Kapitel habe ich die zunehmende Bedeutung der Hautfarbenreferenz in Deutschland damit erklärt, dass die klassischen Selbst- und Fremdbestimmungen ihre Kraft eingebüßt haben. Dieser Wandel korreliert nicht zuletzt damit, dass die Folgen von Migration die enge Bindung zwischen Territorium und Zugehörigkeit gelockert haben. So schleicht sich als Alternative die »Weiß/Nichtweiß-Unterscheidung« problemlos in die Vulnerabilitätserzählungen ein. Damit wird der generelle Trend in Diversitätsdiskursen, dass der Körper in den Vordergrund rückt, nochmals gestärkt: Das Gesicht ist der Ort, an dem der Blick und die Hautfarbe zusammenkommen. Die Gerechtigkeit, die die aktuellen Diskriminierungs- und Rassismuskritiken fordern, muss sich daher auch am Gesicht derjenigen überprüfen lassen, die präsent sind.

Welche Gesichter sind es aber, die die Marginalisierten haben? Welche Gesichter sind bislang nicht sichtbar gewesen, die jetzt um der Gerechtigkeit willen gesehen werden wollen und sollen? Nach welchem Kriterium werden die Gesichter ausgemacht, die marginalisiert sind, und welche Gesichter gelten als normal/normativ/privilegiert? Greift man doch nicht am Ende auf Phänotypen zurück?

Man kennt den Einwand, dass die Hautfarbe nicht zwingend die Pigmentierung der Haut meinte, so wenig wie das Gesicht zwingend phänotypisch bestimmt werden müsse. So behaupten es bspw. Fatma Aydemir und Hengameh Yaghoobifarah in ihrem Essaysammelband *Eure Heimat ist unser Albtraum*. Das tun sie mit einer scheinbar nicht weiter zu begründenden Selbstverständlichkeit, dass es sich bei diesen Begriffen »Schwarz und weiß« (in dieser Schreibweiße) »weder um Farben noch um ›Biologisches‹ handelt, sondern um politische Realitäten« (Aydemir und Yaghoobifarah 2020, Vorwort). Das ist sehr geschickt von den Autorinnen. Sonst könnte man ihnen ihre helle Haut vorhalten. Wenn es aber nicht die Haut ist, dann das Gesicht, welches sich phänotypisch vom dem des Europäers, mindestens aber von dem des Deutschen in seiner üblichen Gestalt unterscheidet. Es ist das türkische Gesicht von Fatma Aydemir und das persische von Hengameh Yaghoobifarah, das sie dazu berechtigt, von den »Weißen« zu sprechen und sich als »Nichtweiße«, als »People of Colour« in Stellung zu bringen. Denkt man diese Logik zu Ende, so unterscheiden sich die Zuteilungen letztlich nicht von der seit dem Ende des zweiten Weltkriegs zurecht in Verruf geratenen rassistischen Unterscheidung zwischen Ariern und Nichtariern. Wer damals als »Nichtarier« galt, kann sich heute mit gutem Recht und Gewissen als »Nichtweißer« bezeichnen. Es sind wohl die »Nichtarier«, könnte man in der nationalsozialistischen Sprache formulieren, die jetzt Gesicht zeigen wollen. Anders lassen sich die Zuordnungen der Gesichter/Körper nach angeblich politisch gemeinten Rassekategorien kaum nachvollziehen. Folglich lässt sich die gerechte Repräsentation anhand der passenden Präsenz der Gesichter und

Phänotypen prüfen. Ein weißer Amerikaner oder Däne in Deutschland wird nicht zu den Marginalisierten zählen, ein schwarzer schon, aber auch eine Türkin und Perserin elterlicherseits. Was aber bedeutet es nun im Regime der Sichtbarkeit, wenn Migrantennachfahren ihr »nichtweißes« Gesicht zeigen und damit Forderungen begründen? Was heißt hier überhaupt Gesicht-Zeigen?

Beim »Gesicht-zeigen« handelt es sich zunächst einmal um eine bekannte Metapher. Aber funktioniert sie im Modus der Sichtbarkeit noch wie eine Metapher? Gebrauch und Funktion folgen zumindest einer anderen Logik. Erstens muss man jetzt nicht nur Gesicht zeigen, sondern auch sein Gesicht gezeigt sehen, sich versichern, dass man auf dem Familienbild der Gesellschaft auch gesehen wird. »Gesehen-werden« meint allerdings nicht bloß bildhaft seinen Platz auf dem Foto einzunehmen, sondern steht auch für die Anteile, die man bei der Ressourcenverteilung bekommen möchte. Die Tafelrunde der Migrationsgesellschaft ist zugleich eine Versammlung der Gesichter, die die Größe des Stücks vom Kuchen nach ihrem Anteil in der Bevölkerung bestimmen wollen.

»Gesicht-Zeigen« betont in seiner ursprünglichen Bedeutung nicht das Gesicht in seiner spezifischen Qualität, die sich in der Rassismuskritik über Herkunft und Hautfarbe bestimmt. Es ist zunächst eine anonyme, weil nicht an eine bestimmte Erscheinung gebundene Aufforderung, für eine Sache zu stehen, sich nicht zu verstecken, Courage zu beweisen. Die Aufforderung geht an alle, die sich angesprochen fühlen, unabhängig von ihrem Phänotypus. Dennoch steht das Wort Gesicht nicht zufällig da. Die Metapher muss mit der Sache korrespondieren. Sich nicht zu verstecken, sich einem Kampf zu stellen, gegen eine Ungerechtigkeit aufzubegehren, bedeutet doch letztlich auch sich selbst mit seinem Körper und eben seinem Gesicht entschlossen hinzustellen. Trotzdem steht nicht die *spezifische* Qualität des Gesichtes bzw. Körpers im Fokus. Die einzige Qualität, die dem Gesicht zukommt, betrifft den Mut, den man mit seiner Entscheidung beweist: Vor Ort präsent sein, erkennbar sein, sich der Gefahr aussetzen, sich vulnerabel machen. Die Gesichter bzw. Körper verweisen hier über sich hinaus, gehen aus sich heraus, adressieren ein allgemeines Publikum, das beim Anblick dieses Gesichts gewissermaßen nichts anders können soll als zu antworten.

Anders verhält es sich mit dem Gesicht der Diversitätsgesellschaft, das jetzt sichtbar gemacht werden will. Es steht nicht als Metapher für etwas anderes, sondern verweist im Grunde genommen tautologisch auf sich selbst. Schwarze können nur durch Schwarze, People of Colour nur durch People of Colour, Behinderte können nur durch Behinderte usw. repräsentiert werden. Ja, interessanterweise aber könnten sie sich möglicherweise alle gegenseitig repräsentieren, weil sie alle das gemeinsame Volk der Marginalisierten verkörpern – bis dann einer der Betroffenen wegen unzulässiger Repräsentationsansprüche Widerspruch anmeldet. Repräsentation ist somit eine Frage der Körper, sie fällt mit Präsenz zusammen.[35] Die Kluft zwischen Repräsentierten und Repräsentanten, die für Repräsentation konstitutiv ist, verschwindet zwar faktisch nicht, weil ja auch hier im Namen von ... gesprochen wird; sie wird aber geleugnet.

Man kann vielleicht zwei Repräsentationsregime ausmachen und sie einander gegenüberstellen. Das eine kon-

35 Dieser Typus wird von Hannah F. Pitkin in *Concepts of Representation* (1967) *descriptive representation* genannt. Pitkin unterscheidet grundsätzlich zwischen zwei Formen von Repräsentation: *standing for* zum einen und *acting for* zum anderen: »We tend to assume that people's characteristics are a guide to the actions they will take, and we are concerned with the characteristics of our legislators for just this reason. But it is no simple correlation; the best descriptive representative is not necessarily the best representative for activity or government.« (1967: 89) *Descriptive representation* fällt unter *standing for*. Pitkin verweist dazu auch auf die deutschen Wörter *darstellen (to stand for another) und vertreten (to act for another)* (a. a. O.: 59). Den Hinweis auf Pitkin verdanke ich Philip Manow.

stituiert sich im Modus der *Hörbarkeit*, das andere in dem der *Sichtbarkeit*. Bei ihrem Vergleich sollte man die Frage im Kopf behalten, inwiefern sie in der Lage sind, über sich selbst hinauszuweisen. Diese Frage ist essenziell für eine Demokratie, die mehr sein will und muss als Proporz. Wenn Demokratie wirklich etwas bedeutet, dann heißt das, wie Rancière es unermüdlich unterstreicht, dass in ihr *jeder Beliebige* für *alles Beliebige* befähigt auftreten kann.

Ich möchte im Folgenden drei Punkte hervorheben, die sich aus dem Vergleich zwischen den beiden Repräsentationsregimen ergeben.

1. Wer darf sprechen? Es ist eine Besonderheit der Stimme, dass sie, auch wenn sie von konkreten Körpern kommt, von jedem Beliebigen stellvertretend übernommen werden kann. Wir geben unsere Stimme ab, um zu bestimmen, wer in unserem Namen sprechen darf. Das Bürgertum beanspruchte im Namen des Volkes zu sprechen, wenngleich es sich darauf verstanden hatte, weite Teile dieses Volkes zunächst von der Wahl auszuschließen. Die Arbeiterklasse hat stets ihre Fürsprecher gehabt, meist Mitglieder des Bürgertums. Dass Karl Marx, trotz seiner selbstgewählten Armut samt katastrophaler Folgen für seine Familie, zum Bürgertum gehörte und Friedrich Engels gar ein Industrieller war, hat ihre Befähigung in den Augen der Arbeiter nicht in Frage gestellt, in ihrem Namen zu sprechen.

Die Stimme besitzt etwas Universelles, sie weist über sich hinaus, übersteigt ihren Status, der zugleich unvermeidlich in konkreter Gestalt begegnet, d.h. partikular ist. Das Universelle der Stimme besteht erstens darin, dass sie eine *Botschaft* verkündet, die sich von dem Besitzer der Stimme lossagt. Sie ist deutungsoffen. Der Besitzer kann die Botschaft prinzipiell nicht kontrollieren. Diese kann unendlich weitergetragen, unendlich vervielfältigt werden. Zweitens ist die Stimme deswegen universell, weil sie eben an ein allgemeines Publikum gerichtet werden *kann*, nicht bloß an Seinesgleichen. Ich unterstreiche bewusst, dass das so sein *kann*, aber nicht zwingend so sein muss. Zweifelsohne spricht die Stimme des Führers die germanische Rasse an, ihre Botschaft fordert die Vernichtung des Universellen. Das liegt aber daran, dass die Stimme ihre Autonomie verliert und einem *Gesicht*, dem arischen Phänotypus unterworfen wird. Sie kann sich als Stimme nicht entfalten; ihre Botschaft ist nicht deutungsoffen, sondern nur noch ein Befehl. Sofern sie nicht gewaltsam ins Partikulare eingezwängt wird, erweist sich die Stimme jedoch in der Lage, Gemeinschaften zu stiften, die zuvor nicht da waren. Nicht zufällig ist sie für die Demokratie von elementarer Bedeutung; jeder Beliebige kann sie erheben und beliebige andere können sie aufgreifen und weitergeben. Die Geschichte der Ideen überhaupt, nicht nur die der Demokratie, liefert unzählige Belege dafür, wie die religiösen und politischen Botschaften die bestehenden Gemeinschaftsgrenzen sprengen und neue Gemeinsamkeiten hervorbringen.[36]

Im Repräsentationsregime der Sichtbarkeit hingegen sprechen die Gesichter bereits für sich. Eine gerechte Repräsentation besteht, wenn jedes Gesicht bzw. jeder Körper in seiner authentischen Gestalt seinen Platz einnimmt. Das gilt auch für die Sprache, in der ein partikulares Gesicht, d. h. das Geschlecht, orthographisch präsent ist. Hier erscheinen die Individuen als Exemplare einer bestimmten Gattung. Ein Gesicht referiert nur auf sich bzw. auf die eigene Art. Deshalb sollen die Rollen in Film, Bilder in Werbung und schließlich auch (zumindest als Zukunftsvision) Ämter danach verteilt werden.

Wenn eine Übersetzungsgruppe um das durch die Inauguration von Joe Biden berühmt gewordene Gedicht von Amanda Gorman zusammengestellt wird, müssen Marginalisierte dabei sein, sonst wird man dem Gedicht nicht

36 Über zwei Milliarden Christen jeglicher Herkunft folgen einem jüdischen Zimmermann, eine Milliarde Muslime jeglicher Couleur einem arabischen Händler.

gerecht. Das Gedicht selbst wird dabei um seine wichtigste Dimension, nämlich die der Stimme, beschnitten, die ja eigentlich über die Person der Dichterin hinaus ein unendliches Publikum adressiert. Es wird gerade nicht mehr unter diesem Aspekt thematisiert; der poetische Charakter des vorgetragenen Gedichts tritt hinter der partikularen Gestalt der Autorin zurück; die Autorin wird auf ihre schwarze Haut reduziert und diese wiederum ausschließlich mit Unterdrückung und Sklaverei identifiziert. Ist Amanda Gorman wirklich eine Marginalisierte? Was das Gedicht sagen will, was es mit uns allen vorhat, wohin mit dem *Aufbruch*, den es Zeile für Zeile einfordert, all das taucht in der Debatte nicht mehr auf.

Diese Art Repräsentation wirft neue Fragen auf, die im Regime der Sichtbarkeit nicht adressiert werden können. Wonach wird die Gruppe der Marginalisierten zusammengesetzt? Was verbindet z. B. Kübra Gümüşay, die mit in der Kommission zu Amanda Gormans Gedicht saß, mit der Dichterin? Ist es ihr Kopftuch, das sie zur Repräsentantin von Gorman macht, ist es ihre türkische Herkunft? Inwiefern sind die türkische Herkunft oder das muslimische Kopftuch einerseits und die schwarze Hautfarbe andererseits Synonyme füreinander? Bereits hier sehen wir erste Risse im Repräsentationsbild. Einerseits können die Marginalisierten nur von ihresgleichen repräsentiert werden. Andererseits wird zur Lösung des Problems eine universelle Gruppe von Marginalisierten aufgerufen, bei der die verschiedenen Stämme sehr wohl füreinander einstehen können. Das geht aber nur, weil die Gruppe der »Weißen« aus den universellen Repräsentationsrechten ausgeschlossen wird. Die Übersetzerin selbst ist zwar »weiß«, aber sie hat auch keine Repräsentationsaufgaben. Erst dank der Absetzung von den »Weißen« kann sich nämlich diese Gruppe als eine Art Gemeinschaft konstituieren (besser: eine solche simulieren), deren Mitglieder angeblich ein gemeinsames Schicksal teilen. Die eine universelle Stimme, die sich an alle richtet, wird durch eine Figuration von zwei Gesichtern ersetzt: das »weiße« Gesicht und jenes der Marginalisierten.

Ich habe das postkoloniale Diktum nie verstanden, nach dem »das Subalterne nicht sprechen kann«. Wenn die indische Witwe, an deren Beispiel Spivak die Sprachlosigkeit der Subalternen demonstriert, der Stimme der Kolonialmacht folgt und sich nicht verbrennt, wie die Tradition es eigentlich von ihr fordert, spricht sie dann keine deutliche Sprache? Warum soll das keine eigene Sprache sein, die man als die Stimme der Subalternen vernehmen darf, eine Stimme, die die Subalternen ermächtigt, zu sprechen und handeln? Dass es die Sprache der Kolonialmacht ist, die ihr sagt, dass sie dieser überkommenen Tradition nicht folgen soll, bedeutet ja keineswegs, dass die Witwe diese Stimme nicht übernehmen darf. Die Stimme mag dabei zwar weiterhin auch den Herrschaftsinteressen der Kolonialmacht dienen; sie wird jedoch zugleich zur Stimme dieser Frau. Spivaks Fehler besteht darin, dass sie die universalisierende Kraft der Stimme nicht würdigt. Für sie erschöpft sich die Stimme der Kolonialmacht im Kolonialprojekt. In ihren Augen geht sie nicht über die koloniale Situation hinaus, in dem sie vorkommt. Die Stimme, die aus dem Munde der Kolonialmacht spricht, erschöpft sich für Spivak im partikularen Interesse. Karl Marx, auf den Spivak sich öfters bezieht, hatte da eine andere Sicht. In seiner Analyse der Britischen Herrschaft in Indien sah er voraus, dass Indien von der Kolonialmacht lernen und sich befreien wird.

2. Im Repräsentationsregime der Hörbarkeit, das über die Stimme organisiert wird, werden die Verhandlungen über die Leitwährung der *Interessen* geführt. Wenn die Stimme sagt: »Wir wollen gehört werden«, »Das sind unsere Forderungen, die wir vertreten wissen wollen«, dann können die Forderungen auf eine Weise formuliert werden, in der sie teilbar sind oder teilbar gemacht werden können. Ich erwarte von meinem Fürsprecher, meinem Repräsentanten, dass er meine *Interessen* vertritt, nicht *mich* in meiner spe-

zifischen Gestalt. Schließlich stehen meine Interessen nicht von vornherein fest, wie der historische Materialismus es noch annahm. Ernesto Laclau und Chantal Mouffe (1991) haben in ihrer Dekonstruktion des Marxismus genau diese Deduktion der Interessen von den Klassenlagen her zurückgewiesen. Interessen werden in einem politischen Kampf nicht bloß zum Ausdruck gebracht, sondern erhalten ihre je spezifische Prägung infolge einer Hegemonie-Politik, die das Bestehende nicht bloß re-präsentiert im Sinne von Widerspiegelung, sondern überhaupt erst ausformuliert, also repräsentiert im Sinne von Performanz.

Der Begriff Interesse hat eine lehrreiche Geschichte, die Albert O. Hirschman in seinem Durchgang durch die Geistesgeschichte im 19. Jahrhundert offenlegt. In seinem Buch *Leidenschaften und Interessen* legt er dar, dass der Begriff recht früh, bereits im 16. Jh., »ein Element der Reflexion und Kalkulation« (1980: 41) enthält, bevor er später nahezu gänzlich auf seine ökonomische Dimension festgelegt worden ist. Dabei werden Interessen als »Bezähmer der Leidenschaften« in Stellung gebracht. Das wurde dadurch denkbar, dass die Leidenschaften ihre vormalige negative Deutung abgestreift hatten, die vor allem religiös-moralisch begründet war; sie sollten sich nunmehr gegenseitig kontrollieren. Leidenschaften wurden staatsdienlich gemacht. Aus »Grausamkeit, Habsucht und Ehrgeiz« sollten bspw. nach Vico »nationale Verteidigung, Handel und Politik« werden (a. a. O.: 25). Hirschman unterstreicht, dass dabei Interesse »als Gattungsbegriff für jene Leidenschaften« ins Spiel gebracht wird, »denen eine ausgleichende Funktion zugeschrieben wurde« (a. a. O.: 36). Mit Hirschman können wir festhalten: Voraussagbarkeit bzw. Kalkulierbarkeit, transformative Kraft sowie ausgleichende Funktion zeichnen Interessen als soziales Medium aus und machen sie universalisierbar.

Der Interesse-Begriff erweist sich später auch für die politische Repräsentation von zentraler Bedeutung. In der Evolution des Repräsentationsverständnisses gehen Demokratien dazu über, Eigentumsrechte und Wahlrecht voneinander zu entkoppeln, wodurch es zu einer Ausweitung der Partizipation kommt. Das Stimmrecht wird in der Massendemokratie nicht mehr an das Eigentum gebunden. Neben dem Bürgertum bekommen auch andere Klassen, vor allem die Arbeiterschaft, Stimmrecht; diese Transformation wird, folgt man der Untersuchung von Florian Meinel, mithilfe des Interesse-Begriffes geleistet. Er vermittelt Politik und Ökonomie, die im gleichen Prozess voneinander getrennt werden:

> »Gerade weil Eigentumsrechte keinen direkten Zugang zum politischen System mehr bieten, folgt dem Auseinandertreten von massendemokratischem Wahlrecht und Industriekapitalismus die indirekte Repräsentation von Eigentumsrechten auf dem Fuß, die aber eben dadurch nicht auf Eigentumsrechte beschränkt ist, sondern allen Formen ökonomischer Interessen offensteht.« (Meinel 2022: 10)

Im Repräsentationsregime der Sichtbarkeit begegnet uns hingegen als Leitwährung der Verhandlungen das *Gefühl*. Gemeint ist hier aber nicht das Mit-fühlen, die Empathie, sich für das Leid des anderen zu interessieren, die Fähigkeit, aus sich heraustreten zu können, um sich mit dem anderen zu solidarisieren. Gefühl bezieht sich hier gar nicht auf die anderen, sondern will sich als Gewähr für die Wahrheit der eigenen Position behaupten. Aber kann ein so verstandenes Gefühl auf eine ähnliche Weise objektivierend wirken wie das Interesse?

3. Im Repräsentationsregime, das über die Stimme (für jemanden sprechen, seine Stimme an einen Fürsprecher leihen) organisiert wird, werden Konflikte primär als Interessenkonflikte artikuliert; oder sie werden in Interessenkonflikte übersetzt, bei denen die Streitfragen als Mehr-oder-Weniger-Angelegenheiten verhandelt werden. Die

Problematisierungsweise ist dabei rechtliche Gleichheit und Freiheit (im liberal-bürgerlichen Diskurs) und Kritik an Ausbeutung (im marxistischen Diskurs) zwecks sozialer Gerechtigkeit. Die Sozialdemokratie verknüpft die beiden Problematisierungsweisen, indem die strukturelle Ausbeutung innerhalb des kapitalistischen Systems in verhandelbare Interessenkonflikte übersetzt und durch Reformen praktisch erträglich gemacht wird.

Im Sichtbarkeitsregime werden ebenfalls Ungleichheiten problematisiert. Das erfolgt allerdings mittels der Diskriminierungskritik. Diskriminierungskritik formuliert zwar Forderungen (mehr Sichtbarkeit, Stellen nach Quoten, Präsenz in Schulbüchern etc.), diese werden aber nicht als Interessen kommuniziert. Ein Arbeiter wurde nach dem alten Klassenparadigma *nicht diskriminiert*, sondern *ausgebeutet*; heute wird auch sein Schicksal in der Rahmung des Klassismus als Diskriminierung beschrieben. Zwangsläufig referieren die Diskriminierungsbekundungen, anders als bei den Interessenkonflikten, letztlich auf die persönlichen Empfindungen und richten sich gegen die Personen als Schuldige. Selbst wenn hier von den Strukturen die Rede ist, werden diese den Personen (»Weiße«) zugeschrieben, während im Klassendiskurs die individuellen Handlungen auf die Strukturen hinwiesen (»Charaktermasken« nach Marx).[37]

Die Leitwährung der Verhandlungen ist das Gefühl, das aber von sich aus schwer verhandelbar ist. Die reklamierte Ungerechtigkeit lässt sich nicht ohne Weiteres objektivieren, entscheidend bleibt das subjektive Gefühl der Betrof-

37 »Die Gestalten von Kapitalist und Grundeigentümer zeichne ich keineswegs in rosigem Licht. Aber es handelt sich um Personen nur, soweit sie die Personifikation ökonomischer Kategorien sind, Träger von bestimmten Klassenverhältnissen und Interessen. Weniger als jeder andere kann mein Standpunkt, der die Entwicklung der ökonomischen Gesellschaftsformationen als einen naturgeschichtlichen Prozess auffasst, den einzelnen verantwortlich machen für Verhältnisse, deren Geschöpf er sozial bleibt, so sehr er sich auch subjektiv über sie erheben mag.« (Marx und Engels 1970: Vorwort zur ersten Ausgabe)

fenheit, von dem aus die wahrgenommenen Missstände thematisiert werden. Deshalb erhält Betroffenheit eine erkenntnistheoretische Aufwertung: »Betroffenen zuhören!« Diese Aufforderung geht über die übliche pragmatische Absicht hinaus, dadurch *möglicherweise* neue Gesichtspunkte kennenzulernen. Sie bürgt nunmehr für die Wahrheit der Aussagen der Betroffenen.

Die Stimme ermöglicht einen Spielraum in Repräsentationsfragen; sie legt die Sprechenden nicht auf ihre sozialen Positionen fest. In der Stimme können sich zwar Identitäten artikulieren, aber sie präferiert weder die Identität, noch legt sie das Individuum auf diese fest.

Ich habe hier die Stimme als Modus von Repräsentation im Blick gehabt. Ihr Wesen geht selbstverständlich weit drüber hinaus. Die Stimme, die in den Sirenengesängen erklingt, führt die Hörenden ins Verderben. Sie muss deshalb von Odysseus durch eine List gebändigt werden: er lässt sich an einen Mast binden, hört die Verführung, ohne ihr nachgeben zu können; seine Leute stopfen sich die Ohren zu, damit sie als quasi technische Artefakte die Naturbeherrschung für das bürgerliche Subjekt betreiben können – wie es Adorno und Horkheimer in ihrer *Dialektik der Aufklärung* beschreiben. Kollektive Efferveszenserlebnisse, die nach Durkheim für gesellschaftliche Integration von zentraler Bedeutung sind, lassen sich ohne Musik und ganz besonders ohne Stimme/Gesang schwerlich herbeiführen. Das zeigen uns Fußball- und andere Stadien Woche für Woche in der ganzen Welt. Im Gegröle der Fans oder eines wütenden Mobs wird man jedoch die universalisierende Kraft der Stimme nicht finden können.

Mit Blick auf Gesicht ist ebenfalls eine Differenzierung notwendig: Im Modus der Sichtbarkeit handelt es sich um *Identität*, und nicht um das Gesicht im phänomenologischen Sinne. In der Variante, die Plessner mit seiner philosophischen Anthropologie vertritt, ist das Gesicht ein Ort des Ausdrucks, auf dem ein »Kampf ums wahre Gesicht«

stattfindet (so auch das Kapitel in seinem Buch *Grenzen der Gemeinschaft*). »Unter Nichts leidet die Seele so wie unter dem Unverstandensein«, befindet Plessner. Dieses Nichtverstehen ist aber »kein einfaches Verfehlen einer Sache, ein Vorbeisehen am Wirklichen«. Es ist »beides zugleich: Verfehlen und Treffen«. Die Seele leidet darunter, dass »wir uns, im eigenen oder im fremden Blick vereinseitigt und festgelegt« sehen. Aber auch das Gegenteil, nämlich das »Nichtbeachtetsein« bietet keine Abhilfe (Plessner 2019: 66). Eine Abhilfe bietet die Maske. Sie sorgt für Nähe in Distanz, den Schutz der Intimität im gesellschaftlichen Verkehr, welcher unter dem Anspruch gemeinschaftlicher Nähe zusammenbrechen würde. Maske ist Höflichkeit, Taktgefühl, Diplomatie.

Die »wesenhafte Zweideutigkeit« des Gesichts droht im Sichtbarkeitsmodus der Diversität zu verschwinden, wenn das Gesicht bloß für die Identität einsteht, wenn seine Funktion sich darin erschöpft, die eine partikulare Identität zu beglaubigen, die am Gesicht ablesbar ist. Das Gesicht ohne Maske erstarrt unvermeidlich in Hautfarbe bzw. im Phänotypus. Wenn die Hautfarbe sich biologisch tatsächlich nicht von den »Weißen« unterscheidet wie z. B. bei Iranisch- oder Türkeistämmigen, bleibt das Gesicht auch dann als Identitätsmarker im Gebrauch, es referiert nämlich auf die durchgestrichene Herkunft, die letztlich phänotypisch *als anders* bezeichnet wird. Gesicht/Hautfarbe verfestigen paradoxerweise festgelegte binäre Figurationen, die es zu überwinden gilt. Der »weiße« Phänotypus wird so als (negativer) Orientierungspunkt erst richtig gefestigt.

Selbstverständlich kommt jede Stimme von einem Gesicht. Aber die Position, die die Stimme in Figurationsverhältnissen markiert, ist nicht festgelegt wie beim Gesicht, das nur auf Identität verweist. Gastarbeiter träumten davon, »Amerikaner zu werden«. So konnten sich selbst die Gesichter verändern. Özkan Ezli hat die Spuren dieses Wunsches in der Literatur verfolgt (Ezli 2021b: 99–192).

Tatsächlich beschränkte sich das Streben »Amerikaner zu werden« keineswegs nur auf die literarische Bearbeitung der Auswanderungserfahrungen. Man schaue sich die Bilder der Gastarbeiter (z. B. die aus der Türkei) an. Sie sind meist adrett gekleidet, als würden sie nicht zum Arbeiten, sondern auf ein Fest gehen. Männer tragen Schnäuzer wie Clark Gable. Zu dieser Zeit wollten übrigens – wie vielerorts in der Welt – auch die Menschen in der Türkei »Amerikaner werden«. Dieses Kulturideal verpackte der damalige Ministerpräsident Süleyman Demirel in ein politisches Motto: »Die Türkei wird ein kleines Amerika werden.« Im Amerikanerwerden drückte sich ein komplexer Traum aus, der individuell wie gesellschaftlich die Lebensgewohnheiten der Menschen beeinflusste: Konsum, Charme, individuelle Freiheiten (nicht zuletzt: Frauen rauchen jetzt öffentlich und das gilt als »schick«) etc. Mit genau dieser Aufbruchsstimmung kamen die Gastarbeiter nach Deutschland, »um Amerikaner zu werden«. Amerika war hier kein geographischer Ort, sondern der Name für Visionen und Träume, der Name dafür, etwas anders zu werden: Es war eine Maske.

Es bietet sich an, die Maske nicht allein in ihrer Schutzfunktion zu deuten, wie Plessner es ausführt. Man muss die Maske auch auf ihre produktive Funktion hin explizieren: Eine Maske *ermöglicht*, jemand anders zu werden. Identität wird zeitweilig suspendiert und gerade dadurch transformiert. So wird die Möglichkeit eröffnet, neue Charaktere auszuprobieren, verschiedene Gesichter anzunehmen. Anders als das Gesicht der Diversität meinte »Karakafalı« (Schwarzkopf), mit dem sich Migrantenkinder der zweiten Generation bezeichneten, eben nicht das tatsächliche Gesicht oder den »schwarzen Kopf«. Man kann es sich als eine Maske vorstellen, die auf dem eigenen Gesicht liegt. Selbst wenn die Maske so aussieht wie das Gesicht, das sie bedeckt, ist sie mit ihm nicht identisch. Maske ist Differenz zu sich selbst.

## *Quoten*

Wenn Sichtbarkeit zum Modus der Repräsentation wird, misst sich die gerechte Repräsentation an der Präsenz. Was zählt, ist die zahlenmäßig adäquate Präsenz der diversen Körper/Gesichter. Alle müssen auf dem Selfie der Gesellschaft sichtbar sein. Daraus ergibt sich unvermeidlich die Forderung nach Quoten. Das Gerechtigkeitsmodell der Sichtbarkeit führt zwingend zur Quotierung der Gesellschaft.

Die Forderung nach Migrantenquoten für die Besetzung von Ämtern wird uns beschäftigen, sofern die Sichtbarkeit als Kriterium der Gerechtigkeit die politische Vernunft leitet. Sie ist mehrfach in der Debatte aufgeworfen worden und wird gerne zu Wahlzeiten aktualisiert. Bereits 2020 meldete sich die Bundeskonferenz der Migrantenorganisationen angesichts der rassistischen Anschläge mit der Bitte an die Bundeskanzlerin Angela Merkel, dem Rassismus entschieden entgegenzutreten.

> »Wir bitten Sie heute höchstpersönlich, sich endlich dem Viertel der Gesellschaft zuzuwenden, das personell und damit auch inhaltlich nicht repräsentiert ist. Deutschland in Zahlen, das sind laut Statistik (Statista.com) aktuell ca. 19,9 % Kinder und Jugendliche (0–24 Jahre alt), 20 % Menschen aus Ostdeutschland (inklusive Berlin!), 21 % Senioren und 23,6 % Menschen mit Migrationsgeschichte. Man stelle sich ein Kabinett vor, das nicht einen einzigen Ostdeutschen umfasst oder keine einzige Frau. Themen mit hoher Relevanz für die Zukunft Deutschlands wären unterrepräsentiert.« (Bundeskonferenz der Migrantenorganisationen 27. 2. 2020)

In Berlin hatte die Linke einen ähnlichen Versuch unternommen, ihr Vorstoß war aber misslungen. Die Forderung wurde später erneut erhoben. Berlins Integrationsbeauftragte formulierte sie gar als Ziel: »Wir wollen eine verbindliche Quote« (*taz* 2020). Schließlich wandte sich ein türkeistämmiges SPD-Mitglied aus Berlin umgehend nach dem Wahlsieg der SPD an Olaf Scholz: »In einer Bundesregierung kann Platz für 30 Prozent weiße Männer aus Westdeutschland sein, auf den übrigen Positionen muss sich die Vielfalt im Land widerspiegeln«. So jedenfalls die Begründung von Aziz Bozkurt, der im Namen der *AG Migration und Vielfalt* spricht. Eine Regierung dürfe nicht nur einen Teil der Bevölkerung abbilden. Zahlen werden angeführt, nach denen ca. 22 Millionen Menschen in Deutschland einen Migrationshintergrund hätten. Prozentual mache das einen Anteil von 26,7 % der Bevölkerung aus, während im neu gewählten Bundestag nur rund elf Prozent der Abgeordneten einen solchen hätten. Diese Begründung überzeugt nur auf den ersten Blick. Beim genaueren Hinsehen ergibt sich ein anderes Bild, das mehr Probleme mit sich bringt, als dass es Lösungen anbietet. Das Land Berlin hat solche Überlegungen mit dem Partizipationsgesetz bereits für den öffentlichen Dienst in die Praxis umgesetzt (Abgeordnetenhaus Berlin vom 5. 7. 2021). Interessant ist die Begründung der Sozialsenatorin:

> »In unserer Stadt haben über 38 Prozent der Menschen einen Migrationshintergrund. Wenn die Verwaltung die Diversität unserer Stadt abbildet, wächst auch das Vertrauen der Bürgerinnen und Bürger in die Institutionen.« (Cancel Kiziltepe, 48, SPD, in: Bruns 2024).

Scheinbar besteht ein selbstverständlicher Zusammenhang zwischen der Herkunft der Beschäftigten und dem Vertrauen der Bürger. Damit fördert aber die Sozialsenatorin umgekehrt die Überzeugung, dass das Vertrauen in die Institutionen erst dann gegeben sei, wenn die Stellen im Staatsdienst nach Proporz verteilt werden, der jeweils auf den aktuellen Stand gebracht werden müsste.

Überhaupt ignoriert der Quotenwunsch, dass es eine freiheitliche Errungenschaft politischer Kämpfe war, dass die Abgeordneten eben nicht einem Stand oder einer anderen Gruppe verpflichtet sind, sondern republikanisch das Volk als Ganzes repräsentieren. Diese Errungenschaft wurde gegen die monarchistische und Ständerepräsentation durchgesetzt. Volksvertreter stehen für das Wohl des Gesamtvolkes – so zumindest das Ideal, an dem die Politik sich zu orientieren hat. Dass dem in der Realität nicht immer so ist, beeinträchtigt die Gültigkeit des Prinzips keineswegs. Ohne diese »maßstäbliche Fiktion« (Enders 2020) würde die parlamentarische Repräsentation im demokratischen Sinne zusammenbrechen. Ganz in diesem Sinne formuliert es das Grundgesetz im Artikel 38/1:

> »(1) Die Abgeordneten des Deutschen Bundestages werden in allgemeiner, unmittelbarer, freier, gleicher und geheimer Wahl gewählt. Sie sind Vertreter des ganzen Volkes, an Aufträge und Weisungen nicht gebunden und nur ihrem Gewissen unterworfen.«

Diese Grundsatzbestimmung schließt nicht aus, dass auf den unteren Ebenen, also vor der Wahl, die Parteien bei der Kandidatensuche angesichts der Kräfteverhältnisse mit und in pragmatischer Absicht nach Personen mit Migrationshintergrund suchen. Die Formalisierung der Wahl nach Diversitätskriterien wird hingegen das repräsentative System in seiner demokratischen Gestalt untergraben. Doch welche konkreten Probleme ergeben sich aus dem Quotenwunsch?

Das erste Problem der Forderung besteht darin, dass sich hier rassisches Denken verfestigt. Wir haben es mit einer *Festigung der Hautfarbe als Kriterium der politischen Repräsentation* zu tun. »Weiß« soll nun nicht nur eine alltagsweltliche Bezeichnung bleiben, sondern in politisch-repräsentativer Hinsicht eine *formale* Kategorie werden, die anderen rassischen Kategorien wie Schwarz/Nichtweiß/People of Colour gegenübergestellt wird, die durch diesen Akt ebenfalls formalisiert werden. Die Geschichte kennt solche Festlegungen der Hautfarbenschattierungen. Es waren rassistische Regime, am radikalsten das der Apartheid in Südafrika, die ihre politische Ordnung nach Hautfarbenverhältnissen strukturiert haben. Dass dies nunmehr von »unten«, von den »Betroffenen« selbst kommt, macht die Sache nicht gerechter.

Solche rassifizierenden Unterscheidungen werden relativiert, indem man diskursiv von der Hautfarbe auf den Migrationshintergrund abstellt. Gemeint ist der Umstand, dass jemand nach Deutschland eingewandert ist und nicht von der etablierten/einheimischen Bevölkerung abstammt, die sich als *Deutsch* bezeichnet. Dann spielt aber der Verweis auf die Hautfarbe (»Weiße«) keine Rolle, schließlich ist noch immer ein wichtiger Teil dieser Migrantenbevölkerung als »weiß« zu kategorisieren. Was wären die Spanier, Italiener, Ex-Jugoslawen und Portugiesen sonst, wenn nicht »weiß«? Ganz zu schweigen von den inzwischen assimilierten Slaven, darunter mehrheitlich Polen, die als »Nichtweiß« zu bezeichnen ein gehöriges Talent an geistiger Akrobatik verlangt.

In die Zählung der Population mit Migrationshintergrund werden diese »Weißen« sehr wohl aufgenommen. Ohne sie ist der hohe prozentuale Anteil an Menschen mit Migrationshintergrund nicht möglich. Die Zahl 26,7 % müsste also, will man an der Forderung festhalten, erheblich nach unten korrigiert werden. An dieser Stelle behilft man sich mit einem Trick: Die Kategorien »Schwarz« und »Weiß« referieren demnach gar nicht auf die Hautfarbe. Sie erzählen nicht von natürlichen Eigenschaften, sondern sind als soziale Konstrukte zu verstehen. Diese Erklärungsstrategie steht auf wackligen Füßen, sie löst nämlich die Schwierigkeit, die bei der Bestimmung der Zugehörigkeit besteht, nicht. Warum soll eine soziale Konstruktion funktionieren, wenn sie mit Fremd- und Selbstbeschreibung der jeweiligen Gruppen nicht korrespondiert und durch historische Erfahrungen nicht getragen wird? Es wird ihnen eine Kategorie von außen auferlegt, die bislang für sie keine substanzielle Bedeutung gehabt hat. Werden sich Italiener, Spanier, Portugiesen, Ex-Jugoslawen, Polen und viele weitere andere unter dieser Kategorie wiederfinden? Wer bestimmt das denn überhaupt, mit welcher Berechtigung eine solche Aufteilung bzw. Zuteilung vorgenommen wird? Auch die Türken lassen sich nicht als »Nichtweiße« und die Deutschen als »Weiße« kategorisieren, auch wenn das Begehren nach Rassifizierung sich mittlerweile auch hier wiederfinden lässt. Wie eingangs bereits angemerkt, will hier wohl jemand »schwarzfahren«.

Angesichts dieser Gemengelage ergibt sich eine Alternative: Entweder sprechen wir von Einheimischen (Deutschen) auf der einen Seite und Migranten bzw. Bürgern mit Migrationshintergrund auf der anderen. Dann müssen wir die rassifizierende Klassifikation »Weiße vs. Schwarze/People of Colour« aufgeben. Wie lässt sich dann aber aus der so vielfältigen Migrationspopulation, in der sich zudem die Polen und andere Osteuropäer mit den Deutschen vermischt haben, eine Repräsentationsarithmetik herleiten? Nach welchen Kriterien? Oder wir verlegen uns auf die »Weiße/Nichtweiße«-Unterscheidung. In diesem Fall müsste man von einer rassistischen Praxis Gebrauch machen: Ein Tropfen »nichtweißes« Blut macht die Person zu einem »Nichtweißen«. Der Wechsel zwischen Migrationshintergrund und Hautfarbe ist opportunistisch und bietet keine Lösung für die Schwierigkeiten, die im neuen, jetzt von Links kommenden Rassendiskurs gefördert werden.

Ein zweites konkretes Problem der Forderung nach Quoten ist die Umsetzung des Modells. Man kann es als Frage formulieren: Wer gehört mit Recht dazu, als nichtrepräsentierter Nichtdeutscher (und »nichtweißer« Deutscher) bei der Quotenregelung berücksichtigt zu werden? Welche

Nichtdeutschen gehören wiederum selber zu der Gruppe der Privilegierten? Was ist mit den Schweden und Dänen, ja mit Amerikanern und Engländern, die sich in Deutschland niedergelassen haben? Haben Sie (k)einen Migrationshintergrund? Und ist der Amerikaner weiß oder schwarz oder ein Asian American? Was ist mit den Japanern und Koreanern oder auch mit den Chinesen? Wann darf wer als Migrant gelten, wann nicht? Wer bestimmt es und über welche Verfahren erfolgt diese Bestimmung? Wo gehören dabei eigentlich die Polen hin? Was ist mit den Schimanskis, Kaminskis, Stokowskis etc.? Sollen ihre Nachfahren nicht auch in der Geschichte wühlen, um erlittenes Unrecht der Vergangenheit zu Tage zu fördern? Ein schier unlösbares Problem. Sollten wir nicht lieber von Ariern und Nichtariern sprechen? Das würde alle Zuordnungsprobleme lösen. Radikal, endgültig!!! Merken wir nicht, welches Denken hier ungewollt gefördert wird?

Eine andere – nicht-ethnische – Lösung des Problems, die eher für Demokraten in Frage kommt, sieht folgendermaßen aus: »Historically oppressed groups« sollten bevorzugt werden. Aus der Perspektive der Mikro-Aggressionen-Theorie, die zur Verbreitung der Theorie vom »alltäglichen Rassismus« erheblich beigetragen hat, und der postkolonialen Ansätze wird man diese These vertreten müssen. Dann aber fallen die Türken, die größte Minderheitengruppe in Deutschland, definitiv heraus. Kurden können möglicherweise drin bleiben; aber nicht, weil sie von »Weißen« unterdrückt werden, sondern von den Türken in der Türkei. Bei den Arabern ist es etwas zwiespältig; immerhin können sie auf ihre koloniale Unterwerfung verweisen. Die eigene Eroberungsgeschichte, die mit dem Aufkommen des Islam ansetzte, gilt dabei nicht als Kolonialismus. Dennoch verfängt die Bezeichnung »historically opressed« auch hier nicht richtig. Es sei denn, alle drei – Türken, Kurden und Araber – kommen als Muslime durch die Hintertür herein – wegen des antimuslimischen Rassismus. Andererseits eignet sich der Islam auch nicht so richtig für die Kategorie »historically oppressed …«. Vulnerabilität steht ihm erst recht nicht gut zu Gesicht.

Das Problem bleibt bestehen: Wer ist ein Migrant, der quotiert werden darf? Wer bestimmt das über welche Kriterien? Wie hilfreich ist denn der »Migrationshintergrund«? Wie viele Generationen reicht er zurück? Ist die Herkunft der Großeltern ausschlaggebend? Wir wollten doch nicht mehr danach gefragt werden, woher wir »eigentlich« kommen. Das ist ja »alltäglicher Rassismus«. Sollte es vielleicht der Name sein, der nicht klassisch deutsch klingt? Dann werden wir wiederum auf Dauer festschreiben müssen, was jetzt und für immer als ein alteingesessener deutscher Name und was dagegen nicht als ein solcher betrachtet werden darf. Oder kann man die Namen auch nach Hautfarbe (natürlich als »politisches Konstrukt«!) sortieren? Ausgerechnet in einer Zeit, in der das Deutsche infolge der zunehmenden Diversifizierungsprozesse fluide wird, soll es wieder auf das Völkische festgelegt werden. Dass das jetzt in scheinbar kritischer Absicht mit »Weiß« salonfähig gemacht wird, kann über den ungewollt völkischen Geist dieser Überlegungen nicht hinwegtäuschen, der jetzt in aller Naivität von Links kommt.

Müsste man zudem nicht auch die Genealogien akribisch festhalten, damit wir nicht in jedem Einzelfall prüfen müssen, ob jemand einen berechtigten Hintergrund hat oder sich zu Unrecht als mit Migrantenberechtigungsschein hineinschmuggelt? So kann man alle Nichtarier über Generationen hinweg ordentlich dokumentieren. Wieviel Mühe mussten sich die Nationalsozialisten im Dritten Reich gegeben haben, um die assimilierten Juden zu ermitteln? Muss man diese Arbeit für die AfD übernehmen? Ist das nicht die Ironie, ja gar der Zynismus der Geschichte? Übrigens, mal angenommen, die AfD regiert Deutschland und setzt den Masterplan *Remigration* um, der bereits in geheimen Treffen besprochen worden sein soll. Was glaubt man denn, nach welchen Kriterien sie die Migranten von den Deutschen unterscheiden wird?

Ein weiteres praktisches Problem der Quotenregelung wird in der Perspektive von *Geschichte und Zeitlichkeit* deutlich: Die Forderung nach Migrantenquoten zeichnet sich nämlich schlicht durch Präsentismus aus. Man nimmt sich die Zahlenverhältnisse des aktuellen Moments, um Ungerechtigkeit anzuprangern. Man hat keinen Sinn dafür, dass alles Zeit benötigt. Bis vor einigen Jahren gab es kaum Migranten im Bundestag, und wenige in den Landesparlamenten. Heute sieht es schon anders aus. Das lässt sich nicht bloß mit Diskriminierung und Ausschließung erklären (für eine tiefergehende Auseinandersetzung in diesem Sinne s. Kostner 2021). Die Geschichte der Arbeitsmigration nach Deutschland geht auf die 1950er und 1960er Jahre zurück. Viele der Arbeiter hatten einen geringen Bildungsstand, nicht wenige unter ihnen waren Analphabeten aus ländlichen Regionen. Sie kommen in ein völlig fremdes Land, müssen hart arbeiten, machen Überstunden, um möglichst schnell Geld zur Seite zu legen. Ihre Kinder wachsen unter bildungsfernen Bedingungen auf, nun sollen sie gleich Sitze in Parteien, Behörden und Parlamenten nach prozentualer Größe bekommen. Wenn das nicht der Fall ist, kann das nur Ergebnis von Diskriminierung sein. Dabei gilt diese Ungleichheit auch für die einheimischen Deutschen. Ihre Vorfahren leben viel länger hier, dennoch werden die Arbeiter, Bauern und sozial unterprivilegierten Menschen nicht von ihresgleichen »repräsentiert«.

Neben dem Zeitfaktor ignoriert man auch die Logik des politischen Aufstiegs. Personen müssen sich durch Parteiapparate hindurcharbeiten. Visionen hängen daran, Herzblut, Engagement. Hier geht es um Konkurrenz, Ressourcen und Beziehungen. Das sind harte Fakten, die bei einer politischen Karriere ausschlaggebend sind. Es bestehen überall etablierte Verhältnisse, die sich nicht aus einer bloßen Einsicht in ein vermeintliches Gerechtigkeitsverständnis auflösen. Es wäre umgekehrt ungerecht, wenn Leute, die sich mit Engagement einbringen, zurückstecken müssten. Möglicherweise werden Migranten hier mehr Schwierigkeiten erfahren als die Einheimischen, vermutlich aber nicht prinzipiell andere. Auch die letzteren müssen miteinander konkurrieren und sich durchsetzen. Die Logik der jeweiligen Sache, also die Unwägbarkeiten einer Parteikarriere, darf nicht aus dem Blick geraten.

Die Diversitätsfixierung, die sich an Körpern und Herkunft orientiert, lässt auch die soziale Frage aus dem Blick. Schaut man sich die Zusammensetzung des Bundestages an, sieht man nicht nur, dass Migranten (alle, »Weiße« wie »Nichtweiße« sowie die farbneutralen Türken) verhältnismäßig wenig präsent sind, sondern auch bestimmte Berufe überrepräsentiert.

Mit Abstand ganz vorne stehen Rechtsanwälte (14,8 %), gefolgt von Politikwissenschaftlern (4,6 %). Arbeiter, Handwerker, Bauern sind Mangelware, ganz unabhängig von ihrer Herkunft. Das ist ein Problem struktureller Natur. Es lässt sich nicht mit Willensentscheidung und Quoten lösen. Man muss die Zeit für die politische Tätigkeit finden, man muss es sich finanziell leisten können etc. Lässt sich die Überrepräsentation der Rechtsanwälte nicht mit der Verrechtlichung sozialer Beziehungen erklären? Welche Rolle kommt außerdem der zunehmenden Komplexität des staatlichen Handelns zu, die gerade Juristen und Politikwissenschaftlern zugutekommt? All diese Aspekte verschwinden, wenn der Blick sich unzulässig auf Diskriminierung verengt.[38]

38 Max Weber hatte sich bereits Gedanken darüber gemacht. In *Politik als Beruf* steht zur Dominanz von juristisch Geschulten: »Die Bedeutung der Advokaten in der okzidentalen Politik seit dem Aufkommen der Parteien ist nichts Zufälliges. Der politische Betrieb durch Parteien bedeutet eben: Interessentenbetrieb – wir werden bald sehen, was das besagen will. Und eine Sache für Interessenten wirkungsvoll zu führen ist das Handwerk des geschulten Advokaten.« (Weber 2010: 26)

Zu guter Letzt steht da auch noch der Zahlenpuritanismus. Wenn sich morgen die Zahlenverhältnisse verschieben, soll dann die Verteilung der Sitze angepasst werden? Die Gleichung »Prozentzahl in Gesamtbevölkerung = Anzahl der Sitze« führt in die Irre. Sandra Kostner warnt zurecht davor, dass in diesem Fall die Einheimischen für eine offensive Migrationspolitik nicht zu gewinnen sein werden. Schließlich wird eine solche Migrationspolitik langfristig die Zahlenverhältnisse weiterhin zu deren Ungunsten verändern und ihre Chancen auf Posten werden sich mit jedem Zuzug verschlechtern.[39]

39 Der Zahlenpuritanismus zeigt sich auch darin, dass eine Verbesserung der Lage so lange nicht viel bedeutet bis die absolute Gleichheit erreicht worden ist. Die negative Sicht, die sich für Minderheiten oder Benachteiligten tendenziell eignet (nicht zwingend), befähigt nicht, einen pragmatischen Umgang zu entwickeln. Die *Süddeutsche Zeitung* berichtet über Geschlechterverhältnisse an den Universitäten in Bayern: »Der Anteil an Absolventinnen lag bei den universitären Studienabschlüssen bei 50 Prozent, bei den Promotionen allerdings nur noch bei 46 Prozent« (*Süddeutsche Zeitung* 2023). Die Formulierung »nur noch« ergibt ja nur Sinn, wenn es sich um einen großen Unterschied handeln würde. Die Differenz zwischen 46 und 50 wird hier aber offenbar als eine strukturelle Ungleichheit betrachtet, der hohe Wert von 46 % abgewertet.

## V Und der Rassismus?

Ich habe bislang nicht diskutiert, was Rassismus ist und wie er bekämpft werden soll. Nicht die Rassentheorien, nicht die Praxis rassistischer Regime und auch nicht die Ideologien rassistischer Gruppen standen im Fokus dieses Buches. Die leitende Frage war vielmehr, wie der zunehmende Gebrauch der Unterscheidung »Weiße/Nichtweiße« und die wachsende Kritik an Rassismus im Sinne eines breiter gefassten Begriffs soziologisch zu erklären sind. Die naheliegende Antwort, dass ein gesteigertes Bewusstsein vor allem der »rassifizierten Personen« dafür verantwortlich sei, kann nicht zufrieden stellen. Meine Erklärung für die Prominenz von Rassismuskritik lautet hingegen: Migrationsbedingte Veränderungen von Zugehörigkeitsverhältnissen treffen sich einerseits mit der zunehmenden Bedeutung der Vulnerabilität für Subjektivierungsweisen und andererseits mit der in den Produktionsstrukturen des Digitalkapitalismus gefestigten Kulturbedeutung der Sichtbarkeit. Entscheidend sind hierbei soziale Medien und ihre kapitalistische Zurichtung, die Sensationskommunikation besonders fördern.

Bereits 1994 hat Detlev Claussen in seinem Buch *Was heißt Rassismus?* einige der Beobachtungen, die hier aktualisiert werden, vorweggenommen. Er sprach von einem »inflationären Gebrauch des Wortes Rassismus, das moralische Eindeutigkeit verlangt«, dabei aber »den politischen Begriff des Rassismus« verdeckt (Claussen 1994: 1). Ein Unterschied zwischen damals und heute besteht darin, dass der Rassismusvorwurf damals fast nur in den linken Bewegungen zu Hause war. Heute ist er zu einer gängigen Währung geworden, die sehr leicht und überall in Umlauf kommt und eben auch gegen Antirassisten, Schwarze und andere Minderheiten erhoben werden kann. Fatma Aydemir muss in ihrer Abschiedskolumne in der *taz* gar nicht mehr belegen, dass Rassismus in der linken Massenzeitung der Republik einfach wie Abfall herumgelegen habe, als sie die Redaktionsräume betrat. Sie geht anscheinend davon aus, dass sich das von selbst versteht: »Über die Jahre stand viel rassistischer und auch queerfeindlicher Müll in dieser Zeitung.« (2023). Özkan Ezli berichtet von einer Tagung (*Vielfalt vor und hinter der Kamera*) von Filmschaffenden in der Akademie Tutzing. Eine Teilnehmerin bezeichnet selbst Nelson Mandela als Rassist, da dieser in seiner Autobiografie beschreibt, wie er als Flugpassagier Sorge gehabt habe, ob das Flugzeug sicher landet, weil der Pilot ein Schwarzer war. Diese autobiografische Anekdote genügt einer schwarzen Schauspielerin, den großen Kämpfer der Freiheit, der dafür 27 Jahre im Gefängnis saß, als Rassisten zu bezeichnen.

Solche Bagatellisierungen ignorieren und lassen vergessen, was für ein Sonderregime mit dem Rassismus eingerichtet wird. Es ist nicht bloß die alltägliche Reduktion der Menschen auf ihr Aussehen und ihre Herkunft in Begegnungen. Eben das wird man nicht sagen können, sofern man den Rassismus tatsächlich als Herrschaftspraxis versteht und das Phänomen der Herrschaft mit allen dazu gehörenden Elementen (vor allem: institutionellen Strukturen) ernst nimmt. Meinen eigenen Überlegungen liegt eine weit geteilte Minimaldefinition zugrunde: Rassismus biologisiert das Soziale, unterteilt dabei soziale Gruppen in Übermenschen und Untermenschen, unabhängig davon, ob genau diese Semantik gebraucht wird. Die amerikanischen Sklavenbesitzer haben ihre eigenen Kinder, die sie mit ihren Sklavinnen gezeugt hatten, als Sklaven weiterverkauft. Hier wurde eine biologische Differenz postuliert, ideologisch legitimiert und institutionell fundiert, die selbst die patriarchale Blutlinie außer Kraft setzte. Rassismus strukturiert und rechtfertigt eine ungeheuer brutale Herrschaftspraxis, die mit banalen Mikroaggressionen nicht im geringsten zu vergleichen ist.

Diese Definition soll lediglich der Orientierung dienen und in Erinnerung rufen, dass der Rassismus im modernen Sinne, also ein biologischer Kampf *innerhalb* der Gesellschaft um den *Gesellschaftskörper* (Foucault 2001), ein historisches Phänomen ist, das zwar Nähe bzw. Übergänge zu anderen Phänomenen wie Nationalismus und Ethnozentrismus hat, aber eine eigene Qualität mit sich bringt. Sicher, Rassismus kommt nicht ohne eine *Kategorisierung* aus, die sich auf äußere Merkmale bezieht, aber eine solche Kategorisierung, die zwischen Eigenem und Fremden unterscheidet, führt noch nicht zwingend zum Rassismus. Schließlich greifen die Menschen seit eh und je in ihrer Begegnung mit Anderen zunächst und zumeist auf äußere Kategorien zurück. Rassismus lebt von der *Generalisierung* solcher Eigenschaften, die sich und den anderen zugeschrieben werden; aber Generalisierungen wie der Russe, der Türke, der Schwarze mit stereotypischen Merkmalen führen nicht zwingend zu Rassismus. Rassismus rechtfertigt *Hierarchisierungen*, um Macht- und Herrschaftsverhältnisse zu erhalten, aber die Bevorzugung der eigenen Gruppe ergibt noch nicht zwingend eine rassistische Politik, die die anderen systematisch und mit gewaltsamen Mitteln unten hält. Andernfalls müsste man die ganze Menschheitsgeschichte als eine durch und durch rassistische betrachten. Damit hätte sich aber der Rassismusbegriff selbst erledigt. Milieu- und Ethnozentrismus sowie Xenophobie gab es immer und überall.

Mit Referenz auf die These »Rassismus ohne Rassen«, die auf Stuart Hall und Etienne Balibar zurückgeht, wird gerne darauf hingewiesen, dass der Rassenbegriff durch den Kulturbegriff ersetzt worden sei. Gerade diese These hat zur Verwässerung des Konzeptes erheblich beigetragen. Auch wenn es stimmt, dass die Rassisten öffentlich nicht mehr von Rassen, sondern von Kulturen sprechen, um deren Unvereinbarkeit zu betonen, bedeutet das nicht, dass Kultur und Rasse das gleiche meinen. Hier kommt es darauf an, wer in welchem Zusammenhang *woraufhin* von dem Begriff Kultur Gebrauch macht. Man kann immer noch zwischen einem rassistischen und einem nicht-rassistischen Kulturbegriff unterscheiden. Bei dem letzteren wiederum kann man einen nicht-kulturalistischen von einem kulturalistischen Kulturbegriff unterscheiden.

Dass man annimmt, eine Religion, bspw. der Islam, präge sehr wohl die alltägliche Lebensführung seiner Anhänger und bestimmte Handlungen der Muslime ließen sich vor diesem Hintergrund verstehen, ist noch kein Kulturalismus. Patriarchale Orientierung und Ehrvorstellungen unter Muslimen wird man nicht von der Religion isolieren können. Die These, dass die islamische Religion eine wichtige Stütze für die Übermacht des Patriarchats in den muslimischen Milieus ist, ist noch lange kein Kulturalismus und schon gar nicht Muslimfeindlichkeit. Islam und Patriarchat pflegen über mehr als tausend Jahre eine überaus erfolgreiche historisch-kulturelle Allianz, für deren Schwinden derzeit kaum Anhaltspunkte zu finden sind. Kritik am Patriarchat kommt primär aus nichtreligiösen Bewegungen, die wiederum im Namen des Islam bekämpft werden. Im westlichen Christentum besteht diese Allianz seit einiger Zeit nicht mehr. Das Patriarchat kann hier nicht mehr auf den Segen der Kirche setzen, der es umgekehrt an einer kulturellen Grundierung durch das Patriarchat fehlt. Nur in einigen evangelikalen Sekten lebt diese Allianz noch fort. Kulturalistisch, aber nicht zwingend rassistisch, wird der Gebrauch der Kultur als Erklärung erst, wenn das Handeln der muslimischen Individuen von der Religion abgeleitet wird, anstatt eine konkrete Analyse eben dieses Handelns vorzunehmen.

Solche Differenzierungsleistungen, Kultur, Kulturalismus und Rassismus auseinanderzuhalten, finden in vielen aktuellen Studien kaum Beachtung. Das Gegenteil ist eher der Fall. Nach der vom Nationalen Diskriminierungs- und Rassismusmonitor (NaDiRa) vorgelegten Studie *Rassistische Realitäten* (Foroutan et al. 2022: 46) ist es bereits ein

Hinweis auf Rassismus, wenn 32 % der Befragten der Aussage zustimmen, dass »gewisse ethnische Gruppen bzw. Völker von Natur aus fleißiger sind als andere?«. Das Wort Natur, das zweifellos starke Anklänge an Biologie hat, ist aber nicht in jedem Gebrauchszusammenhang als biologistisch-rassistisch zu verstehen. Man macht Beobachtungen, vergleicht sich und andere vor allem mit Bezug auf die Arbeitsmoral, nimmt Generalisierungen vor. Man kommt dann bspw. zu der Aussage, die Deutschen seien fleißiger als die Türken. Menschen sprechen nun einmal über das eigene Volk und andere Völker auf diese Weise. Unter den Türken war und ist es weiterhin sehr verbreitet, dass die Deutschen als fleißiges Volk gelten – zweifellos fleißiger als die Türken. Entschiedenheit, Konsequenz, Geradlinigkeit beim Arbeiten, Genauigkeit, das sind alles Elemente, die man mehr oder weniger im Alltag beobachten und an den Ergebnissen der Arbeit ablesen kann; das alles gehört in den Bedeutungsumfang des alltagsweltlichen Gebrauchs des Begriffs Fleiß. Ein türkisches Sprichwort sagt: »Fang eine Sache wie ein Türke an und beende sie wie ein Deutscher.« (Türk gibi başla Alman gibi bitir.) Türkisches Anfangen bedeutet, dass man mit vollem Enthusiasmus, ja stürmisch, eine Sache angeht. Wie ein Deutscher beenden, bedeutet, konsequent bei der Sache zu bleiben und sich von den Gefühlsschwankungen nicht mitreißen zu lassen.[40]

40 Diese leicht schmunzelnde Selbstbeschreibung wird übrigens von der großen Protestantismus-These unterstützt. In Max Webers Kulturvergleich zeichnet sich die islamische Ethik gerade dadurch aus, dass sie zwar in außeralltäglichen Situationen wie z. B. im Krieg enorme Kräfte freisetzen kann, aber nicht in der Lage ist, eine »innerweltliche Lebensmethodik« zu entwickeln, die für die Systematisierung des Alltagshandelns und damit auch für den kapitalistischen Geist entscheidend ist (Weber 1985: 347). Der Türke beginnt eine Sache, wohl kompatibel mit der islamischen Ethik, als würde er in den heiligen Krieg ziehen, kann aber die Verbürgerlichung, also die alltägliche Routine nicht durchstehen. Diese Stereotypisierung mag in dieser Schlichtheit befremden; aber die Frage nach dem Fleiß der Völker ist keineswegs eine Angele-

Nicht anders verhält es sich damit, wenn »bestimmte Kulturen viel besser sind als andere« (27 % Zustimmung). Eine solche Aussage kann durchaus rassistisch motiviert sein, muss es aber nicht zwingend. Sie ist nicht selten Ausdruck eines üblichen Milieu- bzw. Ethnozentrismus, mit dem die eigene Gruppe bejaht wird, kann zudem auf tatsächliche Begebenheiten verweisen, die eine solche Selbstbejahung begründen. Jährlich treffen Flüchtlinge, darunter mehrheitlich Muslime, mit ihren Füßen Wertentscheidungen bezüglich Kulturen: Sie entscheiden sich für Europa und bevorzugt für Deutschland. Ob sie die Kultur Europas besser finden oder nicht, ist dabei sekundär; ihre praktische Entscheidung spricht für sich. Sie gehen davon aus, dass sie an den Grenzen Europas nicht erschossen, sondern in Not gar in ein besseres Leben gerettet werden. Sie wissen umgekehrt, dass die muslimischen Soldaten Saudi Arabiens auf Flüchtlinge schießen. Abstrakte Fragen nach Kultur helfen hier nicht weiter. Es sind eher die Forscher, die den Begriff Kultur in Rasse übersetzen, indem sie ihn von allen praktischen Gebrauchszusammenhängen isolieren. In unserem praktischen Handeln nehmen wir meist nicht auf eine abstrakte Kultur Bezug, sondern immer schon auf konkrete Zusammenhänge: Sozialstaat, Rechtssicherheit, Wohlstand und Lebensstandard, ein Sozialversicherungssystem auf hohem Niveau, ein ausgebautes Verkehrsnetz (ungeachtet der alltäglichen Probleme mit der Deutschen Bahn), Justiz und Polizei, auf die man sich verlassen kann (mit Ausnahmen, wie der NSU-Fall zeigt). All das mag man unartikuliert mit der Kultur assoziieren. Eine Abfrage mittels eines isolierten Begriffs hilft hier nicht weiter, außer dass sie die theoretische Annahme einer wissenschaftlichen Studie, Rasse wird durch Kultur ersetzt, bestätigt.

genheit bloßer Selbst- und Fremdwahrnehmung und wechselseitiger Zuschreibungen. Ihr haftet eine Materialität an, die sich nicht restlos in Deutungen auflösen lässt. Man kann sie auch als eine echte Kulturfrage behandeln, wie Max Weber es getan hat.

Die aktuelle Rassismuskritik, die in solchen Studien entwickelt wird, stellt »rassistische Realitäten« fest, die »den Alltag vieler Menschen in Deutschland [strukturieren]« (a. a. O.: 40). Das Wort »Realitäten« lässt an Gegebenheiten denken, die als materielle Kraft den Alltag der Menschen strukturieren. Ihm haftet eine Schwere an, die nicht bloß eine Sache der subjektiven Wahrnehmung sein kann. Deshalb sei »Rassismus eine verbreitete Erfahrung« in Deutschland. Was hier abgefragt wird, ist lediglich die *Wahrnehmung* von Rassismus, geschlossen wird aber auf »rassistische Realitäten«. Die Medienlandschaft ist (augenblicklich) alarmiert, die Politik auf den Plan gerufen. Es ist Zeit zu handeln.

Wo kommt bloß dieser Rassismus her, wenn über 80 % der Befragten der Studie die diskriminierende Behandlung auf dem Arbeits- und Wohnungsmarkt ablehnen, und zwar mit der Begründung, sie sei »rassistisch«? Was machen die Begriffe »Strukturen« und »Realitäten« für einen Sinn, wenn in einer repräsentativen Studie eine große Mehrheit der Befragten das ablehnen, was angeblich ihren Alltag strukturiere? Das muss also ein merkwürdiger Rassismus sein, ein netter gar.

Nimmt man die Studie ernst, dann scheint der Rassismus eine Orientierung zu sein, die an sich gar nicht so dramatisch ist. Immerhin bejahen 90 % der Befragten, denen soeben attestiert wurde, von den rassistischen Strukturen geprägt worden zu sein, dass »Gleiche Chancen für alle sozialen Gruppen das oberste Ziel sein [muss]«. Scheinbar sind selbst die Rassisten nicht mehr das, was sie mal waren. Deutschland soll irgendwie rassistisch strukturiert sein, aber »insgesamt schätzen demnach 79,1 % der Frauen und 70 % der Männer die beschriebenen Situationen als rassistisch ein« (a. a. O.: 71), die ihnen als diskriminierende Fallbeispiele vorgelegt worden waren. »Rassismus ohne Rassen« ist ein zweifelhaftes Konzept, das viel zur Überdehnung des Rassismusbegriffs beigetragen hat. Anscheinend gibt es aber auch einen »Rassismus ohne Rassisten«. Boris Palmer, der Tübinger Oberbürgermeister, bringt es schnörkellos auf den Punkt: »›Sie sind ein Rassist‹ meint heutzutage eher: ›Sie sind ein Depp.‹« (FOCUS Online 2023). In diesem Fall besteht kein Grund zur Aufregung. Man kann mit diesem netten Rassismus ohne Rassisten, dazu mit liberalem Antlitz, gut leben. Nur, ich weiß, dass es einen Rassismus von Rassisten gibt. Nicht nur in Deutschland, sondern überall in Europa sind die rechten Bewegungen mit rassistischen Ansätzen auf dem Vormarsch. Damit hat man mehr als genug zu tun. Wozu sollen wir uns noch neue Rassismen ausdenken!

### *Exkurs: Ein Türke auf Wohnungssuche – hüben wie drüben*

Muss ein Missstand denn unbedingt der denkbar größte Skandal, der Rassismus, sein? Man kann nämlich Vieles, was in toto als Rassismus bezeichnet wird, auch anders rahmen. Es gibt diskriminierende Praktiken in Deutschland, die in diversen Studien bereits gemessen worden sind (Koopmans et al. 2018). Diese Praktiken können mit rassistischen Orientierungen in Verbindung stehen oder auch nicht. Auch das steht nicht vorab fest – ganz zu schweigen davon, dass nicht jede Ablehnung und Ungleichheit zwingend als Diskriminierung gedeutet werden muss. Gerade die Wohnungssuche, die in Debatten über Rassismus und Diskriminierung öfters angeführt wird, ist ein spannender Bereich, in dem alles Mögliche vorkommt, nicht nur der Rassismus. Einige persönliche Anekdoten mögen für etwas mehr Differenzierung sorgen – und zur heiteren Gelassenheit mahnen.

Als Türke in Deutschland blieb es mir nicht erspart, auf der Wohnungssuche ungleich behandelt zu werden. Ich muss gestehen, dass mir das nicht viel ausgemacht hat. Vielleicht war das wegen meines Türkei-Hintergrunds aus den 1970er und 1980er Jahren. Dieser hielt mich wohl dazu an, solche Erlebnisse nicht dramatisch zu nehmen. Auch als Mehrheitsangehöriger (Türke aus einer sunnitischen Familie) hatte ich in der Türkei zu meiner Studienzeit allerlei Ablehnungen erfahren. Die Hauptgründe waren jung, männlich und am allerschlimmsten noch: Student zu sein. Bei männlich und jung haben Vermieter in der Regel einen unsteten Lebenswandel unterstellt, der mit den vorherrschenden konservativen Werten des Stadtteils bzw. Appartements, an dem die vormoderne Mahalle als moralische Wohneinheit fortexistierte, nicht kompatibel sei. Studenten würden Alkohol trinken und Frauen nach Hause bringen (»Eve kadın getirirler«). Als Student stand man unter Verdacht, politisch aktiv zu sein; das wiederum bedeutete Ärger mit der Polizei. Völlig lebensfremd waren diese Unterstellungen nicht. Entsprechend haben sich die Studenten darauf eingestellt und Gegenstrategien entwickelt. So hat man seine Mutter zur Wohnungssuche mitgenommen, die dann gewissenhaft mitteilte, dass sie für die Zeit des Studiums mit dem Sohn oder der Tochter zusammenwohnen werde. Junge Frauen durften ohnehin selten alleine oder mit ihren Freundinnen (mit Freunden war es absolut ausgeschlossen) zusammenwohnen, obwohl ihr Lebenswandel unter moralischen Gesichtspunkten weniger misstrauisch beäugt wurde. Aber auch sie waren auf der sicheren Seite, wenn die Mutter mitkam und ihre Absicht kundtat, mit der Tochter bis zum Ende des Studiums zusammenzuwohnen. Die heilige Familie diente somit als Gewähr für die Moral der Gemeinschaft. Wenn die Wohnung einmal bezogen war, ließ sich die Mutter nie wieder blicken.[41]

41 In den letzten Jahren hat sich das scheinbar geändert. Vermieter suchen in der Türkei inzwischen ausgerechnet junge Studenten und Studentinnen, weil sie voraussichtlich für eine begrenzte Zeit wohnen werden. Angesichts der angespannten Lage auf dem Wohnungsmarkt (nicht zuletzt wegen der hohen Zahl der Flüchtlinge) und der unaufhörlichen Abwertung der türkischen Lira ist es für Vermieter anscheinend vorteilhaft, sich nicht länger an einen Mieter zu binden. Das ist aber ein anderes Thema.

Ein markantes Erlebnis bei meiner Wohnungssuche in Deutschland war Folgendes: Ich hatte in meiner Stadt mit Öffnung eines Kiosks sehr früh am Morgen die Lokalzeitung gekauft (damals musste man noch eine Zeitung kaufen) und gleich um 6:30 oder 7 Uhr herum angerufen. Der Vermieter sagte sofort: »Wohnung weg«. Daraufhin hat meine Frau mit deutschem Namen und ohne Akzent noch einmal angerufen. Die Wohnung war zu haben. Als meine Frau ihn mit seiner Absage an ihren türkischen Mann konfrontierte, sagte er, dass er nicht ausländerfeindlich sei. Mit seinem radebrechenden Deutsch, das definitiv schlechter war als meins, sagte er, er sei Jugoslawe. In einem anderen Fall wollte eine türkische Bekannte von mir ihre Wohnung unbedingt an Türken vermieten – eine unter den Türken weit verbreitete Praxis. Viele Türken, die ja inzwischen auch Hauseigentümer geworden sind, scheinen ihre Wohnungen, wenn ihre Kinder dort nicht wohnen wollen, primär an andere Türken zu vermieten, und zwar mit der gleichen Begründung wie meine Bekannte: »kendi insanımız« (»unser eigener Mensch, unsere eigenen Leute«). Mit »kendi insanımız« kann man natürlich auch Pech haben. Die Mieter meiner Bekannten gehören einer streng religiösen muslimischen Sekte an; der Mann pflegt keinen Kontakt zur Vermieterin, weil sie eine Frau ist. Auch die Mieterin, auf deren Gesellschaft meine Bekannte gehofft hatte, meidet den privaten Kontakt zu meiner Bekannten, die ohne Kopftuch, kurzärmelig und mit Hose bekleidet auftritt. Es muss natürlich nicht immer »kendi insanımız« sein. Ich vermute: An zweiter Stelle oder gleichauf mit türkischen Landsleuten kommen für türkische Vermieter deutsche Mieter in Frage, man hält sie nicht nur für fleißig, sondern auch für sehr »zuverlässig«.

Ganz absurde Begründungen gab es bei meiner Wohnungssuche zuhauf. Ein Vermieter, der durchaus freundlich war, wollte uns die Wohnung nicht geben, fühlte sich aber verpflichtet, seine Ablehnung zu begründen. Besser wäre es für ihn gewesen, hätte er gar keine Begründung bemüht. Er hatte nämlich bereits ein deutsch-türkisches Paar zur Miete gehabt: der Mann Türke, die Frau Deutsche. Es habe kulturelle Unvereinbarkeit gegeben. Um nicht missverstanden zu werden: kulturelle Unvereinbarkeit bestand nicht zwischen ihm und dem türkischen Mann, sondern zwischen dem türkischen Mann und seiner deutschen Frau. Die Frau habe nämlich den Mann betrogen und sie hätten sich dann viel gestritten. Schließlich seien sie auseinander gegangen. Ich war ein wenig irritiert: »Gehört es zur deutschen Kultur, dass die Frau den Mann betrügt? Ist es das Problem, dass der türkische Mann den Seitensprung nicht akzeptiert hat?«, fragte ich. Jetzt war *er* irritiert. Er konnte sich wohl keinen Reim auf seinen eigenen Vorwand machen. Im Ungewissen bin ich mit meiner deutschen Frau davongezogen, die von ihrer kulturellen Kompetenz bislang zum Glück keinen Gebrauch gemacht hat.

Die Sache wird vielschichtiger, wenn wir die positiven Erlebnisse heranziehen. Eine ostwestfälische Oma fand uns interessant. Ich war womöglich der erste Ausländer überhaupt, den sie gesehen hat. Ihre Tochter hat uns später zwar aus der Wohnung herausgeekelt, aber nicht wegen meiner Herkunft, sondern weil sie meine Frau nicht mochte. Und wir hatten später mit einem selbstorganisierten Klaviertransport für einen deutschen Freund das Treppenhaus beschädigt. Der Vermieter, den wir danach hatten, war glücklicherweise ein Türkei-Fan und teilte gerne seine Urlaubserlebnisse in der Türkei mit mir. Ich fühlte mich keineswegs auf meine Herkunft reduziert. Es war einfach ein fairer Deal im schnöden Alltag, dessen Regel von den Wissenschaftlern selten ernst genommen werden. Im Türkischen sagt man für so einen Deal: »Al gülüm, ver gülüm« (wörtlich: nimm, meine Rose; gib, meine Rose), im Sinne von: quid pro quo, »wie du mir, so ich dir«. Jeder hat was davon.

Die *Erlebnisse*, die ich bei der Wohnungssuche gemacht habe, führten bei mir jedenfalls nicht zu der *Erfahrung*, dass der Alltag in Deutschland rassistisch strukturiert ist, sondern dass Deutschland hier nicht viel anders ist als die Türkei, oder möglicherweise als Ägypten, Ex-Jugoslawien, Kamerun, Japan und China... Will man auf der Rassismus-These beharren, kann man auch sagen: die ganze Welt ist rassistisch. Eine solche These wird paradoxerweise nicht zu der von Paul Mecheril eingeklagten Sensibilisierung (»Seid empfindsam!« Mecheril 2023) führen, sondern zur Abstumpfung. Julia Klöckner vom CDU-Präsidium weiß es besser. Sie schaltete sich in die mediale Auseinandersetzung zwischen Karin Prien und Aminata Touré ein: Ein solcher Gebrauch führe zur Relativierung des Rassismus und Erstarkung der AfD (Spiegel 2023). Ob man immer die AfD ins Spiel bringen muss, ist eine Frage, die unter dem Gesichtspunkt der politischen Taktik sehr wichtig ist. Ich plädiere eher fürs Gegenteil. Demokratische Parteien müssen sich geistig von der AfD freimachen. Dass ein »solcher Gebrauch zur Relativierung des Rassismus« führt, teile ich uneingeschränkt.[42]

### *Diskriminierung*

Der Begriff des Rassismus wird maßlos überdehnt. Ob es Hashtag-Geschosse sind, die die vermeintlichen Skandale täglich auf Bildschirme katapultieren, oder wissenschaftliche Studien, die mit gleicher Sorglosigkeit aus dem Phänomen Rassismus eine omnipräsente Realität machen;

42 Scheinbar teilt fast die Hälfte der Befragten der oben angesprochenen Studie die Ansicht von Frau Klöckner. Demnach werden viele, die Rassismuskritik üben, als »häufig zu empfindlich« beurteilt (43,1 % Zustimmung, S. 86). Etwa 52,1 % finden es »übertrieben, dass manche Menschen Angst davor haben, ständig und überall Opfer von Rassismus zu werden« (S. 86). Diese Aussagen stehen in einem Spannungsverhältnis zu dem Ergebnis der Studie, dass »Rassismus eine Realität« in Deutschland ist (90 % Zustimmung). Offenbar leitet zumindest die Hälfte nicht die These ab, dass jeder Rassismusverdacht zutrifft. Die Studie hat dafür nur eine Erklärung: »Abwehrverhalten«.

stets wird der Rassismus entgegen der erklärten Absicht, Aufmerksamkeit für ein toternstes Problem zu fördern, bagatellisiert. Das geschieht Hand in Hand mit der Überdehnung des Diskriminierungsbegriffs.

Der Diversitätsbegriff, der ursprünglich gegen die unvermeidlich defizitäre Perspektive des Integrationsansatzes eingeführt worden ist, um den Blick auf Differenzen und die mit ihnen verbundenen Ressourcen zu lenken, wird um seine Potenziale gebracht, seine Funktion darauf reduziert, Ungleichheiten aufzuspüren. Potenziert wird das Problem noch durch das Konzept der Intersektionalität. Nun geht es nicht mehr nur um einzelne Ungleichheitsdimensionen, in denen Personen diskriminiert werden, sondern um ihre Kumulation. »Vulnerabilität« entfaltet hier ihr volles Potenzial. Es liegt nicht mehr im Können, sondern im Verletztwerden-können. Die Gesellschaft der Diversität kennt nur noch Stufen von Vulnerabilität, deren Fluchtpunkt der »privilegierte heteronormative alte weiße Mann« ist, dessen bloßes Sein unablässig die Marginalisierten diskriminiert.

Wenn Diskriminierungsstudien die Frage stellen, ob und wie oft sich jemand diskriminiert gefühlt hat, bekommen sie eben eine undifferenzierte Masse von negativen Erlebnissen. Der Alltag der diversen Gesellschaft besteht scheinbar nur noch aus Interaktionen, in denen die Mehrheit die Minderheiten herabwürdigt. Denn es ist bereits axiomatisch gesetzt worden, dass Mehrheit und Minderheiten in festen Macht- und Dominanzverhältnissen einander gegenüberstehen, die in jeder Situation für die einzelnen Beteiligten praktische Effekte haben.

Legt man den Fokus auf Diskriminierung als die einzig legitime Erklärung für allerlei interethnische Spannungen, so muss man geradezu Vulnerabilitätserzählungen favorisieren. Betroffene werden dazu angehalten, ihren Subjektstatus nach der Alternative von Diskriminierten und Privilegierten zu deklarieren. Mit Nietzsche kann man hier den Kurzschluss sehen, »Rache unter dem Namen der Gerechtigkeit zu heiligen – wie als ob Gerechtigkeit im Grunde nur eine Fortentwicklung vom Gefühle des Verletzt-seins wäre« (Nietzsche 1999c: 310). Gefördert wird dabei das Ressentiment. Die von Nietzsche geforderte »mildblickende Objektivität des gerechten, des richtenden Auges«, die sich durch »persönliche Verletzung, Verhöhnung, Verdächtigung« nicht trüben lässt, kann hingegen neue Perspektiven eröffnen; sie erstickt die Interpretation nicht in der vom eigenen Gemüt vorgegebenen Richtung, sondern vermehrt die Gesichtspunkte, unter denen die Sache differenziert betrachtet werden kann.

Wir haben gesehen, dass die medialisierte Rassismuskritik gerade wegen ihrer zeitnegierenden, präsentischen Logik gar nicht die Möglichkeit lässt, sich eingehend mit der Sache zu befassen, um die es geht. Auch die Betroffenen folgen bereitwillig dieser Logik. In dem Fernstreit zwischen Aminata Touré und Karin Prien haben wir bloß etwas über Befindlichkeiten und Gegenbefindlichkeiten erfahren. Über die Sache erfahren wir nichts. Touré ist dann nur noch eine Abgeordnete mit Fluchtgeschichte, während Prien sich nur mithilfe ihrer »jüdischen Perspektive« gegen den Rassismusvorwurf zu retten glaubt. Im Fall der Übersetzung des Gedichtes, das Amanda Gorman auf der Inaugurationszeremonie des Präsidenten Joe Biden vorgetragen hat, bekommen wir nur drei Gesichter präsentiert: die Literatur- und Lyrikübersetzerin Uda Strätling, die einzige, die nicht wegen ihres Gesichts, sondern ihrer Kompetenz in der Runde ist; die muslimische Autorin und Journalistin Kübra Gümüşay; die schwarze Rassismusforscherin Hadija Haruna-Oelke. Sie sind die Mitglieder des Übersetzungsteams. Dass es der Wunsch der Dichterin war, dass die Übersetzer divers sein sollen, ändert nichts an der Tatsache, dass in der öffentlichen Debatte der Inhalt des Gedichts aus dem Blick geraten ist. Wenn das Gesicht ins Blickfeld rückt, leidet die Stimme. Sie wird an das Gesicht gekettet, welches ihre Botschaften nicht frei vermehren kann: die Erscheinung diverser Gesichter wird zur eigentlichen Botschaft. Die wissenschaftliche Studie zwingt die verschiedenen Deutungsmöglichkeiten einseitig auf Rassismus und Diskriminierung, während manche Antworten geradezu nach alternativen Deutungen schreien.

Diese Verengung der Perspektive lässt sich nahezu auf allen Ebenen beobachten. Eine muslimische Schülerin in einer mittelgroßen deutschen Stadt kommt eines Tages mit Kopftuch zur Schule. Ihre Lehrerin sagt: »Du hast doch so schöne Haare. Warum verhüllst du sie?« Die Schülerin interpretiert die Aussagen als »antimuslimischen Rassismus« und lässt sich beraten. Eine andere Lehrerin, die in der Stadt die Projekte für Sensibilisierung gegenüber Rassismus leitet, kann der Schülerin keine weiterführende Hilfe anbieten. Auch wenn diese Lehrerin nicht unbedingt von der Diagnose »antimuslimischer Rassismus« überzeugt sein mag, eine alternative Deutung hat sie nicht. Der Fall ist schlicht, gerade wegen dieser Schlichtheit ist er jedoch wichtig, weil an ihm die Probleme einer gehetzten Rassismuskritik genau zu studieren sind. Er gibt uns einen Vorgeschmack künftiger Auseinandersetzungen. Die Studien über Rassismus und Muslimfeindlichkeit fördern die Deutung der Schülerin. Dabei muss die primäre Aufgabe der Wissenschaft darin bestehen, für Differenzierungen zu sorgen. Sie soll Deutungen vermehren, sie gegeneinander prüfen, das Für und Wider einzelner Deutungen offenlegen, damit die Bürger mittels eigener Entscheidung aus der Unmündigkeit herausfinden, die wegen mangelnder Urteilskraft besteht. Die Aufgabe der Forschung ist nicht, die Öffentlichkeit für die eine richtige Deutung zu gewinnen. Das ist keine Aufklärung im guten Sinne.

Denkbar ist doch beispielsweise folgende Erklärung: Die Lehrerin, die ihre Enttäuschung über das Kopftuch der Schülerin nicht verbergen kann oder gar nicht verbergen will, handelt aus Fürsorge gegenüber der Schülerin. Sie nimmt an, dass die Schülerin eine falsche Entscheidung getroffen hat. Möglicherweise geht sie davon aus, dass die Schülerin unter Druck stand, und möchte ihr beistehen. Wenn der Rassismus bei aller erdenklich geschickten Verbergung seiner Natur eins nicht zeigt, dann ist es Fürsorge für seine Opfer. Rassistische Einstellungen erlauben keine Anteilnahme am Schicksal der Betroffenen.

An diesem Fall wie noch an weiteren prominenten Fällen (»Woher kommst du?«; »Du sprichst aber gut deutsch« etc.) fällt das wesentliche Element des Rassismus, nämlich die Abwertung, vollkommen weg. Dass das Kopftuch negativ gedeutet wird, muss gerade nicht mit einer Abwertung der Person zu tun haben. Es handelt sich um eine religiöse Praxis, gegen die man mit guten oder weniger guten Gründen Stellung beziehen kann. Zumal es eine Praxis ist, mit der sich seit dem Beginn der Modernisierungsbewegungen eine kulturelle Spaltung innerhalb der muslimischen Welt verbindet. Die deutsche Lehrerin hat also eine Reaktion an den Tag gelegt, die Millionen von säkularen Musliminnen in etlichen muslimischen Ländern und in den muslimischen Milieus in Europa mit voller Überzeugung unterstützen können. Im Iran enthüllen Frauen unter Einsatz von Freiheit und Leben ihre Haare in der Öffentlichkeit. Wir haben also sehr wohl Erklärungen für die Äußerung der Lehrerin gegenüber ihrer Schülerin, die nicht im Geringsten mit Rassismus oder Muslimfeindlichkeit zu tun haben müssen.

»Antimuslimischer Rassismus« erklärt den Sachverhalt nicht. Damit ist aber die Sache nicht erledigt. Welche anderen Erklärungen bieten sich möglicherweise an? So kann man bspw. unter dem Gesichtspunkt der Professionalität auf den Fall schauen. Hat die Lehrerin dem Gebot weltanschaulicher Neutralität entsprochen? Hat sie zwischen den Anforderungen ihres Amtes und ihren persönlichen Überzeugungen hinreichend unterschieden? Hat sie sich denn wirklich gemäß der Fürsorgepflicht, die möglicherweise ihr Motiv war, verhalten? Hat sie vielleicht affektiv reagiert, anstatt die Schülerin nach ihren Beweggründen zu fragen?

Man kann noch weitere Gesichtspunkte anführen. Stets bleibt es die Aufgabe der wissenschaftlichen Analyse, viele Perspektiven auf den Fall zu richten. Wissenschaftliche Studien zu Diskriminierung und Rassismus müssen dafür sensibilisieren, für Missstände wie auch mögliche Missverständnisse verschiedene Deutungsmöglichkeiten zu entwickeln und die Deutungsmöglichkeiten nicht voreilig auf den einen Rassismus zu beschränken.

## Statt eines Fazits: Migrationsgesellschaft bejahen

Deutschland bekennt sich zu Migration. Es ist mehr als genug dafür gerügt worden, dass diese Realität jahrelang geleugnet worden ist. Daran weiter herumzumäkeln, wird der vielschichtigen Migrationsgeschichte nicht gerecht. Es ist zuallererst festzuhalten: Die Geschichte der Arbeitsmigranten im Nachkriegs-Deutschland ist keine Geschichte der Sklaverei oder Zwangsarbeit; sie basiert auf dem Wanderungswillen von Millionen junger Männer und Frauen, die mit Hoffnungen auf ein besseres Leben gekommen sind. Das gilt selbst für Millionen von Flüchtlingen, die nicht bloß eine Heimat hinter sich gelassen, sondern ihre Hoffnungen und Visionen mitgebracht haben. Sie wollten einen Neuanfang wagen. Sie, ja: wir alle sind inzwischen Teil der jüngeren Geschichte Deutschlands. Viele der Hoffnungen mögen enttäuscht worden sein. Sehr viele andere sind dafür in Erfüllung gegangen.

Das nicht genügend gewürdigte positive Bekenntnis Deutschlands zur Migration, das ich mit diesem Buch bestärken will, drückt sich nicht allein in symbolträchtigen Aussagen und Sätzen wie dem des Bundespräsidenten Frank Walter Steinmeier aus: »Wir sind ein Land mit Migrationshintergrund.« Der Bundespräsident meint es gut. Deutschland muss aber nicht gleich einen Migrationshintergrund bekommen, damit sich Migranten hier zuhause fühlen. Die deutsche Geschichte muss nicht komplett umgeschrieben werden. Uns genügt es vollkommen, dass diese Geschichte auch für Migranten einen Platz bereithält. Migration gehört nun einmal unbestreitbar zur Realität Deutschlands. Der Ausdruck Migrationsgesellschaft bietet keine neue Gesellschaftsdiagnose – das wäre ein Missverständnis; sie unterstreicht bloß den Gesichtspunkt, unter dem die deutsche Geschichte *auch* betrachtet werden kann und sollte.

Die Änderungen des Staatsangehörigkeitsgesetzes und das Zuwanderungsgesetz haben das politische Bekenntnis zur Migration nochmals rechtsverbindlich eingerahmt. Darüber hinaus ist Migration allenthalben sichtbar. Für rassistische Politiker, die von Ressentiments gegen Migranten leben, muss die Sichtbarkeit der Migration eine echte Zumutung sein. Ein sprechendes Beispiel hierfür ist das ZDF-Sommerinterview vom 6. August 2023, in dem der AfD-Bundessprecher Tino Chrupalla sich von Shakuntala Banerjee interviewen lassen muss. Wenn die deutsche Fußballnationalmannschaft wieder einmal entscheidende Spiele gewonnen haben sollte, wird den Rassisten die Stimmung versauert sein: Sie wird zwischen Nationalstolz und Fremdenhass hin und her schwanken. Die Helden sind nun mal schon lange nicht mehr nur »reinrassige« Deutsche. Das ist nicht nur im Fußball so. Wir haben, um nur einige zu nennen, mit Cem Özdemir einen Bundesagrarminister, mit Tarek al-Wazir (bis vor Kurzem) einen Landesminister und Vizeministerpräsidenten in Hessen, mit Aminata Touré eine Ministerin in Schleswig-Holstein, mit Belit Onay den Oberbürgermeister von Hannover. Es sitzen etliche Ratsmitglieder und Abgeordnete mit Migrationshintergrund in diversen Landesparlamenten. Nachrichtensprecher, Fernsehmoderatoren, Unternehmer, Gewerkschafter und vieles mehr, überall ist die Migration ein sichtbarer Teil des bundesdeutschen Alltags, ohne dass dafür staatliche Programme zur Sichtbarkeitsförderung aufgelegt werden müssen. Das beste Empowerment ist, sich bei allen Widrigkeiten des politischen Alltags zu behaupten.

Die sichtbare Präsenz der Migranten im Alltag erhält praktische Argumentationshilfe dadurch, dass der demographische Wandel weitere Zuwanderung unverzichtbar macht. Man muss das nicht einmal pathetisch als »Bereicherung« feiern. Es als soziale Tatsache anzuerkennen, reicht vollkommen aus. Zur Normalität der Migration gehört, ihre Erscheinung nüchtern zur Kenntnis zu nehmen. Aber haben die faktische Realität und die politische Anerkennung der Migration eine würdige Erzählung gefunden? Das ist genau das Problem, das meinem Buch den Anlass gegeben hat: Erzählungen zu generieren, die die Migrationsgesellschaft bejahen. Bejahen hat mit Schönreden nichts zu tun. Auch die Probleme, die mit Migration zusammenhängen, gehören zu diesen Erzählungen; sie müssen als solche benannt und angenommen werden, um ihnen angemessen begegnen zu können.

Zur Kehrseite der Realität der Migration gehört auch in Deutschland, wie überall in Europa, die Zunahme faschistischer und rechtspopulistischer Bewegungen. Sie konvertieren die Angst vor einer unkontrollierten Migration in politisches Kapital. Sie schlagen sich irgendwann in rassistischen Morden nieder. Diese Makroaggressionen haben ihre eigene Qualität und lassen sich nicht als die logische Konsequenz irgendwelcher Mikroaggressionen deuten. Auch weniger dramatische Formen der Ablehnung gegenüber Migranten sind Teil des gesellschaftlichen Alltags. Hier kämpft die rechtspopulistische Erzählung, dass Migration die Gefahr für die Volksgemeinschaft sei, um Hegemonie. Es ist zwar kaum denkbar, wie die faschistischen und rechtspopulistischen Parteien die Verflechtung von millionenfachen Migrantenleben mit dem gesellschaftlichen Alltag in Deutschland rückgängig machen könnten und dabei das Land noch regierbar bliebe. Um das Letztere haben sich Faschisten allerdings nie gekümmert. Das Motto war schon immer und wird wieder sein: »... bis alles in Scherben zerfällt.«

Sich um regierbare Verhältnisse sorgen, das tun demokratische Parteien. Dazu gehört auch, dass bei aller Anerkennung der Migration über ihre Gestaltung und ihre Folgen offen debattiert wird. Die (jedenfalls bis vor einiger Zeit) zu Wahlzeiten hin und wieder erhobene Forderung, dass Migrationsfragen aus dem Wahlkampf herausgehalten werden sollen, damit rechte Parteien das Thema nicht missbrauchen, widerspricht dem Geist der Demokratie – ganz abgesehen davon, dass es auch nicht funktioniert. Öffentliche Angelegenheiten stehen öffentlich zur Debatte. Die Forderung, Migration nicht zu politisieren, ist auch deswegen zurückzuweisen, weil sie defensiver Natur ist und paradoxerweise den erreichten Stand der Migrationsgesellschaft nicht würdigt.

Die Migrantenbevölkerung hat sich bereits als hochgradig divers erwiesen. Die verschiedenen sozialen Positionen und politischen Orientierungen, die in der Mehrheitsbevölkerung bestehen, finden sich auch unter Migranten wieder. Längst sind nicht mehr alle Migranten Arbeiter, sie führen Unternehmen, beschäftigen und beuten ihre Arbeiter genauso aus wie die Einheimischen. Manch einer fällt zur richtigen Zeit mit der Entwicklung des richtigen Impfstoffs auf, während andere von ihren privilegierten Professorenposten aus über die Privilegien der »Weißen« wettern. Es gibt unter den Migranten Demokraten wie Faschisten, Säkulare wie Fundamentalisten, Rechtstreue wie Straftäter. Dazu gehören selbst die migrationskritischen Stimmen einschließlich sämtlicher Vorurteile gegenüber Flüchtlingen, die vormals gegenüber diesen Migranten selbst vorgebracht worden sind. Umgekehrt wird man die Sorgen der etablierten Migranten (wie übrigens auch der Einheimischen) nicht in toto als bloße Vorurteile der etablierten Außenseiter gegenüber den neuen Außenseitern abtun können. Sie mögen genauso besorgt sein um das Erreichte, erst recht um den gesellschaftlichen Frieden, der in Krisenmomenten in Gefahr gerät, wie die Einheimischen es auch sind. Am sozialen Frieden müssen sie als ethnische und religiöse Minderheiten gar mehr Interesse haben als die Mehrheit es je haben kann. Ist der soziale Frieden im Land ernsthaft gefährdet, dann geht es ihnen, uns, in letzter Instanz buchstäblich an den Kragen. In Zeiten des aufkommenden Faschismus werden wir dann tatsächlich vulnerabel sein. Eine differenzierte Politik, die sich nicht gesinnungsethisch verrennt, muss daher mutig Gestaltungswillen zeigen. Den verlangt die Demokratie von allen Bürgern gleichermaßen: von den Einheimischen wie auch von den Zugewanderten.

Die aktive Teilnahme der Migranten an den Selbstverständigungsprozessen der Einwanderungsgesellschaft verläuft nicht reibungslos. Alte Selbstverständlichkeiten im Umgang und gewohnte sprachliche Gepflogenheiten werden durch die Präsenz der Migranten gestört. Neue gesellschaftliche Konventionen haben sich hierfür noch nicht etabliert. Verunglimpfende Witze können nicht mehr unbekümmert erzählt werden und der Gebrauch rassistischer Ausdrücke löst prompt Reaktionen aus. In diesem Panorama nehmen auch Sendungen wie die vom WDR *Wie redest du?!* ihren Platz ein. Ohne solche Reibungen wird es zu neuen gesellschaftlichen Maßstäben im respektvollen Umgang miteinander nicht kommen. Nirgends ist jedoch garantiert, dass das gelingen wird. Mit dieser existenziellen Offenheit muss man auch, oder erst recht, in einer Migrationsgesellschaft rechnen. Wenn sie tatsächlich massenhaft begrüßt werden sollte, dann wird das nur das Ergebnis von Auseinandersetzungen sein, an denen Migranten bereits beteiligt sind. Ihre Kritik wird aber nicht schon deshalb eine Vorabberechtigung haben, weil sie Minderheit sind und sich verletzt fühlen. Die »Weiße/Nichtweiße«-Unterscheidung wird hier nur kontraproduktiv wirken, weil die Frontstellung nicht an dieser Grenze verläuft.

Als Urszene der offensiven Bejahung der Migrationsgesellschaft kann das bereits erwähnte Interview gelten, das Shakuntala Banerjee mit Tino Chruppala geführt hat. Ganz und gar unpathetisch. In diesem Interview zwingt die massive Migrationsrealität den völkischen Politiker zu einem gesitteten Gespräch, also zu einer gesellschaftlichen Konvention, die er eigentlich abschaffen will. Um an die Einsicht von Plessner noch einmal anzuknüpfen: Das Gespräch, das dort stattgefunden hat, erfolgte im Modus der *Gesellschaft*; im Modus von *Gemeinschaften* wäre es undenkbar gewesen. Banerjee tritt Chruppala gegenüber nicht als Vertreterin einer nichtdeutschen Gemeinschaft, nicht als indischstämmige Migrantin, nicht als »Nichtweiße«, sondern als Journalistin in ihrer gesellschaftlichen Rolle. Sie kann sich darauf verlassen, dass diese Aufteilung funktioniert. Denn das Verständnis der politischen Gemeinschaft hat sich in Deutschland so verändert, dass ihr die Zugehörigkeit zum Gemeinwesen nicht abgesprochen wird. Die Geschichte der Migration hat es in Deutschland tatsächlich so weit gebracht. Diesen Stand muss man ernst nehmen. Man muss Erzählungen generieren, die dem gerecht werden.

Eine sachorientierte Rassismuskritik gehört zu den elementaren Praktiken solcher Erzählungen. Das Ziel wird verfehlt, wenn sich die Rassismuskritik als *die* Meta-Erzählung der Migrationsgesellschaft zu etablieren versucht. Die Verhältnisse primär entlang der Unterscheidung »Weiße/Nichtweiße« zu beschreiben, mit der dann die Positionen von Vulnerablen vs. Privilegierten festgeschrieben werden, entspricht der pessimistischen Stimmung einer Gesellschaft nur zu gut, der die positiven Visionen ausgegangen sind. Darin drückt sich das Selbstverständnis sozialer Schichten von Bildungsaufsteigern aus, die sich selbst nicht mehr von positiven Zugehörigkeiten her beschreiben können (z. B. Inder, Türke, Araber oder auch Bindestrich-Deutsche oder schlicht und einfach Deutsche), aber auch nicht davon ablassen, von Zugehörigkeiten zu sprechen. Eine gehetzte Rassismuskritik setzt zwar an dem trotz allem Pessimismus Erreichten an, kann aber die Grundlage nicht würdigen, auf der sie steht. So kann diese Rassismuskritik, sofern sie zum Hauptnarrativ der Einwanderungsgesellschaft avanciert, nur eine negative Erzählung bleiben. Der einzige Solidaritätsgrund, den sie errichten kann, wird das schlechte Gewissen sein, das sie bei den Mehrheitsangehörigen erzeugen will. Sie wird von den Vulnerablen erzählen; sie wird gegen Privilegien klagen, die eigentlich keine sind, sondern dem Selbstverständnis des Gemeinwesens nach allen zustehen. Dass die vom politischen System selbst nicht gutgeheißene praktische Diskrepanz zwischen Soll- und Ist-Zustand in Sachen Gleichheit zu einem systemischen Problem erhoben wird, das dazu noch moralisiert wird, fördert keine Solidarität auf der Grundlage positiver Gefühle.

Eine Rassismuskritik, die ihr Maß verliert, festigt die Minderheiten geistig in ihrem Minderheitenstatus, macht sie als Vulnerable erst recht zu Sklaven ihrer Herkunft und Haut. Im gleichen Zug erklärt sie die Deutschen zu ihren strukturellen Peinigern. Sie macht sich dabei, ob gewollt oder ungewollt, von den Schockwellen abhängig, die die Sensationslogik der Aufmerksamkeitsökonomie im Affekthaushalt der kulturell diversen Gesellschaft auslöst. Der undifferenzierte Rassismusvorwurf unterscheidet sich mit Bezug auf die Qualität der Sache in nichts von irgendwelchen banalen Sensationsberichten, die im digitalen Raum der Onlinedienste unendlich reproduziert werden. Eine medialisierte Rassismuskritik, die ihren Gegenstand derart bagatellisiert, selbst wenn sie in wissenschaftlichem Gewand daherkommt, hat für die Deutschen nur die Erhebung durch schlechtes Gewissen im Angebot. Bei den Migranten spricht sie hingegen die niederen Instinkte an, die allenthalben Ressentiments befördern. Die Einwanderungsgesellschaft braucht eine sachliche Rassismuskritik, die sich zu begrenzen weiß. Sie verdient mutige Erzählungen.

Was ist mit dem Rassismus? Wird er nicht übersehen, wenn wir uns bei der Rassismuskritik derart bescheiden? Diese Kritik muss nicht nur aus sachlichen Gründen darauf achten, dass das Profil ihres Gegenstands nicht verschwimmt. Sie muss auch unter taktischen Gesichtspunkten die politische Heimstätte fokussieren, in der der Rassismus haust. Die Maxime, der eine kluge Politik folgen sollte, lautet noch immer: Die Kritik muss das Ziel verkleinern und die Solidaritätsfront vergrößern.[43] Wer heute in Europa über Rassismus spricht, darf sich nicht mit lächerlichen »Mikroaggressionen« aufhalten. Der politisch gefährliche Rassismus ist im Faschismus zu Hause; dieser wird aber wieder eine reale Gefahr in Europa. Er ist dabei, sich in rechtspopulistischen Milieus fest zu etablieren und sich von dort aus zu verbreiten. Junge Faschisten träumen immer mutiger von »Ghettos«, in die »Juden und Migranten« gesteckt werden sollen. Sie wünschen sich vom Staat, er möge nach »Freiwilligen suchen, die auf Kinder und Frauen schießen« (Boetticher und Geray 2024). Gibt es da noch Zweifel, von wo der eisige Wind weht? Haben wir den Luxus, uns mit Mikroaggressionen aufzuhalten?

43 Diese Maxime wurde auf den Protestkundgebungen gegen die Deportationspläne der AfD im Januar/Februar 2024 fatalerweise ignoriert. Für die linken Gruppen konnte es nur einen Kampf gegen rechts geben. Dass die konservative rechte Mitte eine unverzichtbare Stütze im Kampf gegen den Faschismus sein sollte, passte gar nicht in das Weltbild einiger Organisatoren. Man kann davon ausgehen, dass sehr viele Bürger sich auf diesen Demonstrationen einfanden, die mit den Zielen mancher Redner nichts gemeinsam hatten. Den Rednern auf der Bühne ging es bloß darum, eine ununterbrochene Linie zwischen der Ankündigung des Bundeskanzlers Scholz, »massiv abzuschieben«, Friedrich Merz' Klage gegen die »Zahnarzttermine von den Flüchtlingen« und »Remigrationsplänen« der AfD zu ziehen. So wurde die reine Gesinnung gerettet, der Kampf gegen Faschismus geschwächt.

## Dank

Ich möchte mich bei Tassilo Rinecker für die Korrekturlesung und seine unterstützenden Recherchen bedanken. Mein herzlicher Dank gilt auch den Lektoren des Verlags für ihren beherzten Einsatz, durch den das Buch erheblich an Klarheit und Stringenz gewonnen hat. Schließlich und ganz besonders möchte ich mich bei meinem Kollegen und guten Freund Özkan Ezli für den intensiven Austausch herzlich bedanken, dessen Präsenz in diesem Buch weit über die vielen Literaturverweise auf seine Studien hinausgeht. Es erübrigt sich zu sagen, dass die Verantwortung für die Mängel allein bei mir liegt.

# Dank

# Literaturverzeichnis

Abgeordnetenhaus Berlin (vom 5. 7. 2021): Gesetz zur Neuregelung der Partizipation im Land Berlin, Partizipationsgesetz Berlin. In: *Gesetz- und Verordnungsblatt für Berlin*.

Arendt, Hannah (1970): *Macht und Gewalt*. München: Piper.

Attia, Iman (2013): Privilegien sichern, nationale Identität revitalisieren. Gesellschafts- und handlungstheoretische Dimensionen der Theorie des antimuslimischen Rassismus im Unterschied zu Modellen von Islamophobie und Islamfeindlichkeit. In: *Journal für Psychologie* 21 (1), S. 1–31.

Aydemir, Fatma (2023): Abschied von der taz: Pass auf dich auf, altes Haus!, (https://taz.de/Abschied-von-der-taz/!5947644/, 29. 7. 2023).

Aydemir, Fatma; Yaghoobifarah, Hengameh (Hg.) (2020): *Eure Heimat ist unser Albtraum*. 10. Aufl. Berlin: Ullstein fünf.

Bach, Maurizio; Breuer, Stefan (2010): *Faschismus als Bewegung und Regime. Italien und Deutschland im Vergleich*. Wiesbaden: VS, Verl. für Sozialwiss.

Bhatti, Anil (2007): »... zwischen zwei Welten schwebend ...« Zu Goethes Fremdheitsexperiment im West-östlichen Divan. In: Hans-Jörg Knobloch und Helmut Koopmann (Hg.): *Goethe. Neue Ansichten – neue Einsichten*. Würzburg: Königshausen & Neumann, S. 103–121.

Boetticher, Liv von; Geray, Angelique (2024): Junge Alternative: RTL undercover bei AfD-Jugend – Nazi-Ideologien, menschenverachtende Aussagen! In: *RTL.de*, 7. 2. 2024 (https://www.rtl.de/cms/junge-alternative-rtl-undercover-bei-afd-jugend-nazi-ideologien-menschenverachtende-aussagen-5076140.html, 11. 2. 2024).

Breuer, Stefan (2021): *Die radikale Rechte in Deutschland 1871–1945. Eine politische Ideengeschichte*. Aktualisierte Ausgabe. Ditzingen: Reclam (Reclams Universal-Bibliothek, Nr. 18776).

Brühl, Jannis (2015): Rachel Dolezal: »Falsche Schwarze« fasziniert die USA. In: *Süddeutsche Zeitung*, 13. 6. 2015 (https://www.sueddeutsche.de/panorama/der-fall-rachel-dolezal-die-weisse-die-schwarz-sein-wollte-1.2519758, 29. 9. 2023).

Bruns, Hildburg (2024): Migrationsplan für den Öffentlichen Dienst. In: *B. Z. – Die Stimme Berlins*, 29. 1. 2024 (https://www.bz-berlin.de/berlin/migrationsplan-fuer-den-oeffentlichen-dienst, 11. 2. 2024).

Bundeskonferenz der Migrantenorganisationen (27. 2. 2020): Brief an die Bundeskanzlerin (https://www.tgd.de/wp-content/uploads/2020/02/260220_Offener-Brief-der-MO-an-Bundeskanzlerin-Merkel-2.pdf).

Claussen, Detlev (1994): *Was heißt Rassismus?* Darmstadt: Wiss. Buchges.

Coser, Lewis A. (1965): *Theorie sozialer Konflikte*. Neuwied am Rhein, Berlin: Luchterhand (Soziologische Texte, 30).

Deleuze, Gilles (2002): *Nietzsche und die Philosophie*. Hamburg: CEP Europäische Verlagsanstalt (https://ebookcentral.proquest.com/lib/kxp/detail.action?docID=7121682).

Deutschlandfunk.de (2023): Wahlen in der Türkei: Präsident Erdoğan, der Kümmerer. Interview mit Gökay Sofuoğlu. Deutschlandfunk.de (https://www.deutschlandfunk.de/tuerkei-wahlen-erdogan-goekay-sofuoglu-100.html, 24. 9. 2023).

Die Bundesregierung informiert (2022): Weltklimakonferenz in Ägypten | Bundesregierung (https://www.bundesregierung.de/breg-de/aktuelles/weltklimakonferenz-aegypten-2139218, 24. 7. 2023).

Dubiel, Helmut (1992): Konsens oder Konflikt? In: Beate Kohler-Koch (Hg.): *Staat und Demokratie in Europa. 18. Wissenschaftlicher Kongreß der Deutschen Vereinigung für Politische Wissenschaft*. Opladen: Leske und Budrich (Wissenschaftlicher Kongreß der Deutschen Vereinigung für Politische Wissenschaft, 18), S. 130–137.

Dubiel, Helmut (1999): Integration durch Konflikt. In: *Soziale integration*, S. 132–143.

Edel, Uli (2008): *Der Baader Meinhof Komplex*. Spielfilm. Uli Edel (Regie): Constantin Film Produktion GmbH (München) (https://www.imdb.com/title/tt0765432/, 12. 1. 2024).

El-Mafaalani, Aladin (2018): *Das Integrationsparadox. Warum gelungene Integration zu mehr Konflikten führt*. Köln: Kiepenheuer & Witsch eBook.

Enders, Christoph (2020): *Freiheit und Repräsentation*. Baden-Baden: Nomos Verlagsgesellschaft (Würzburger Vorträge zur Rechtsphilosophie, Rechtstheorie und Rechtssoziologie, v.57). (https://ebookcentral.proquest.com/lib/kxp/detail.action?docID=6405541).

Esser, Hartmut (2001): *Integration und ethnische Schichtung*. Arbeitspapiere –

Mannheimer Zentrum für Europäische Sozialforschung (Nr. 40) (https://www.mzes.uni-mannheim.de/publications/wp/wp-40.pdf).

Ezli, Özkan (2021a): Eine Zeitreise – Geschichte und Gegenwart der Interkulturellen Woche (https://www.migazin.de/2021/10/04/eine-zeitreise-geschichte-gegenwart-interkulturellen/, 17. 9. 2023).

Ezli, Özkan (2021b): *Narrative der Migration. Eine andere deutsche Kulturgeschichte*. Berlin: De Gruyter (Undisziplinierte Bücher, 5).

Ezli, Özkan (2023): Von der Herkunft zur Neogemeinschaft. In: Anne Ganzert, Philip Hauser und Isabell Otto (Hg.): *Following. Ein Kompendium zu Medien der Gefolgschaft und Prozessen des Folgens*. Berlin: De Gruyter, S. 73–86.

Ezli, Özkan (2024): »Björn Höcke organisiert keine interkulturelle Woche.« Die Interkulturelle Woche als eine andere Geschichte der Soziabilität in der Bundesrepublik Deutschland. In: *Österreichische Zeitschrift für Geschichtswissenschaften*.

Ezli, Özkan; Tezcan, Levent (2023): RADIS-Ringvorlesung: »Man kann den Islam nur in den eigenen vier Wänden ausleben&quot (https://www.youtube.com/watch?v=ymUrQPsmbC4, 11. 2. 2024).

FOCUS Online (2023): »›Sie sind ein Rassist‹ meint heutzutage eher ›Sie sind ein Depp‹«. Boris Palmer im Interview (https://www.focus.de/politik/meinung/boris-palmer-im-interview-sie-sind-ein-rassist-meint-heutzutage-eher-sie-sind-ein-depp_id_215148424.html, 30. 9. 2023).

Foroutan, Naika; Ha, Noa; Kalter, Frank; Shooman, Yasemin; Sinanoglu, Cihan (Hg.) (2022): *Rassistische Realitäten. Wie setzt sich Deutschland mit Rassismus auseinander?* Berlin: Deutsches Zentrum für Integrations- und Migrationsforschung DeZIM (https://www.rassismusmonitor.de/fileadmin/user_upload/NaDiRa/CATI_Studie_Rassistische_Realit%C3%A4ten/DeZIM-Rassismusmonitor-Studie_Rassistische-Realit%C3%A4ten_Wie-setzt-sich-Deutschland-mit-Rassismus-auseinander.pdf).

Foucault, Michel (2001): *In Verteidigung der Gesellschaft. Vorlesungen am Collège de France (1975–76)*. Frankfurt a. M.: Suhrkamp.

*Frankfurter Allgemeine Zeitung* (2018): »In Anatolien entsorgen«: Ermittlungen gegen Gauland eingestellt. 17. 5. 2018 (https://www.faz.net/aktuell/politik/inland/in-anatolien-entsorgen-ermittlungen-gegen-gauland-eingestellt-15594692.html, 1. 11. 2023).

Girard, René (2002): *Ich sah den Satan vom Himmel fallen wie einen Blitz. Eine kritische Apologie des Christentums*. München, Wien: Hanser.

Göhlsdorf, Novina (2023): Migrationsforscherin im Interview: Wie schafft man Deutschland nicht ab, Frau Foroutan? In: *Frankfurter Allgemeine Zeitung*, 16.6.2023 (https://www.faz.net/aktuell/feuilleton/debatten/naika-foroutan-migrationsforscherin-ueber-deutsche-muslime-18968400.html, 19.7.2023).

Goltermann, Svenja (2017): *Opfer. Die Wahrnehmung von Krieg und Gewalt in der Moderne*. Frankfurt a. M.: S. Fischer.

Haas, Christine; Seibel, Karsten (2021): Bundestagswahl: Das sind die Berufe der neuen Abgeordneten. In: *WELT*, 27.9.2021 (https://www.welt.de/wirtschaft/article234058756/Bundestagswahl-Das-sind-die-Berufe-der-neuen-Abgeordneten.html, 12.1.2024).

Hasters, Alice (2019): *Was weiße Menschen nicht über Rassismus hören wollen, aber wissen sollten*. München: Carl Hanser Verlag GmbH & Co. KG. (http://sub-hh.ciando.com/book/?bok_id=2674974).

Heintz, Bettina (2017): Kategoriale Ungleichheit und die Anerkennung von Differenz. In: Stefan Hirschauer (Hg.): *Un/doing differences. Praktiken der Humandifferenzierung*. Weilerswist: Velbrück Wissenschaft, S. 79–115.

Hensgen, Christoph (2024): Neun Monate Haft wegen Volksverhetzung für Blogger Akif Pirincci. In: *wdr.de*, 5.2.2024 (https://www1.wdr.de/nachrichten/rheinland/urteil-neun-monate-haft-akif-pirincci-bonn-volksverhetzung-100.html, 11.2.2024).

Herbert, Ulrich (2023): *Geschichte Deutschlands im 20. Jahrhundert*. 3., um ein Nachwort erweiterte Auflage. München: C. H. Beck.

Hess, Sabine; Binder, Jana; Moser, Johannes (Hg.) (2009): *No integration?! Kulturwissenschaftliche Beiträge zur Integrationsdebatte in Europa*. Bielefeld: transcript.

Hirschauer, Stefan; Boll, Tobias (2017): Un/doing Differences. Zur Theorie und Empirie eines Forschungsprogramms. In: Stefan Hirschauer (Hg.): *Un/doing differences. Praktiken der Humandifferenzierung*. Weilerswist: Velbrück Wissenschaft, S. 7–26.

Hirschman, Albert O. (1980): *Leidenschaften und Interessen. Politische Begründungen des Kapitalismus vor seinem Sieg*. Frankfurt a. M.: Suhrkamp.

Hirschman, Albert O. (1994): Wieviel Gemeinsinn braucht die liberale Gesellschaft? In: *Leviathan* 22 (2), S. 293–304 (https://www.jstor.org/stable/pdf/23983905.pdf?addFooter=false, 20.7.2023).

Honneth, Axel; Rancière, Jacques (2021): *Anerkennung oder Unvernehmen?*

*Eine Debatte. Erste Auflage.* Hg. v. Katia Genel und Jean-Philippe Deranty. Berlin: Suhrkamp.

Hürner, Thomas (2023): Kommentar zu Mesut Özil und den Grauen Wölfen: Zutiefst bedauerlich. In: *Süddeutsche Zeitung*, 24.7.2023 (https://www.sueddeutsche.de/sport/mesut-oezil-tattoo-graue-woelfe-kommentar-1.6061260?reduced=true, 25.7.2023).

Koopmans, Ruud; Veit, Susanne; Yemane, Ruta (2018): *Ethnische Hierarchien in der Bewerberauswahl: Ein Feldexperiment zu den Ursachen von Arbeitsmarktdiskriminierung*. Berlin (WZB Discussion Paper, SP VI 2018-104) (https://www.econstor.eu/bitstream/10419/179920/1/1024412873.pdf, 14.8.2023).

Koschorke, Albrecht (2021): Identität, Vulnerabilität und Ressentiment: Positionskämpfe in den Mittelschichten. In: *FGZ Working Paper* 1 (http://kops.uni-konstanz.de/handle/123456789/56206).

Köster, Lisa Marie (2023): *Fluchterfahrungen – Brüche und Neuanfänge im Lebenslauf junger Geflüchteter aus Syrien*. Bachelorarbeit. Westfälische Wilhelms-Universität, Münster. Institut für Soziologie.

Kostner, Sandra (2021): Migrantenquote im öffentlichen Dienst: Kein geeignetes Mittel zur Stärkung von Teilhabe. In: *IPG Journal*, 2.3.2021 (https://www.ipg-journal.de/rubriken/demokratie-und-gesellschaft/artikel/keine-macht-den-quoten-5014/, 27.8.2023).

Laclau, Ernesto; Mouffe, Chantal (1991): *Hegemonie und radikale Demokratie. Zur Dekonstruktion des Marxismus*. Wien: Passagen-Verl.

Lefort, Claude; Gauchet, Marcel (1990): Über die Demokratie: Das Politische und die Instituierung des Gesellschaftlichen. In: Ulrich Rödel (Hg.): *Autonome Gesellschaft und libertäre Demokratie*. Frankfurt a. M.: Suhrkamp, S. 89–122.

Marx, Karl; Engels, Friedrich (1970): Werke. Berlin: Dietz.

McWhorter, John H. (2022): *Die Erwählten. Wie der neue Antirassismus die Gesellschaft spaltet*. Hamburg: Hoffmann und Campe Verlag.

Mecheril, Paul (2023): Bleibt empfindsam. Solidarität in der Migrationsgesellschaft – Universität Bielefeld. Veranstaltungsreihe. Fakultät für Erziehungswissenschaft Universität Bielefeld. (https://www.uni-bielefeld.de/fakultaeten/erziehungswissenschaft/arbeitsgruppen/ag10/bleibtempfindsam/, 20.7.2023).

Meinel, Florian (2022): Repräsentation des Eigentums. Repräsentation

Revisited. Forschungsinstitut Gesellschaftlicher Zusammenhalt. Vortrag Konstanz, 20.10.2022.

Neue Deutsche Medienmacheer (2023): NdM-Glossar (https://glossar.neuemedienmacher.de/glossar/menschen-mit-internationaler-geschichte/, 18.7.2023).

Nieswand, Boris (2020): Die Diversität der Diversitätsdiskussion. In: Antje Röder und Darius Zifonun (Hg.): *Handbuch Migrationssoziologie*. Wiesbaden: Springer VS, S. 1–26.

Nietzsche, Friedrich (1999a): *Ecce Homo*. München, Berlin, New York: DTV, De Gruyter (Sämtliche Werke KSA, 6).

Nietzsche, Friedrich (1999b): *Jenseits Gut und Böse*. München, Berlin, New York: DTV, De Gruyter (Sämtliche Werke KSA, 5).

Nietzsche, Friedrich (1999c): *Zur Genealogie der Moral*. München, Berlin, New York: DTV; De Gruyter (Sämtliche Werke KSA, 5).

Peck, Raoul (2017): *I am not your Negro*. Dokumentarfilm. Salzgeber & Co.

Pfaller, Robert (2017): *Erwachsenensprache. Über ihr Verschwinden aus Politik und Kultur*. Frankfurt a. M.: S. Fischer.

*Philosophie Magazin* (2019): Das sensible Selbst – Sind wir zu empfindlich? (https://www.philomag.de/dossiers/das-sensible-selbst-sind-wir-zu-empfindlich, 25.8.2023).

Pitkin, Hanna Fenichel (1967): *The concept of representation*. Berkeley etc.: Univ. of Calif. Pr.

Plessner, Helmuth (2019): *Grenzen der Gemeinschaft. Eine Kritik des sozialen Radikalismus*. Unter Mitarbeit von Joachim Fischer. 8. Auflage. Frankfurt a. M.: Suhrkamp.

Rancière, Jacques (2013): *Die Nacht der Proletarier. Archive des Arbeitertraums*. Wien, Berlin: Verlag Turia + Kant.

Reckwitz, Andreas (2019): Dialektik der Sensibilität. philomag (48) (https://www.philomag.de/artikel/dialektik-der-sensibilitaet, 20.7.2023).

RKI (2008): Gesundheitsberichterstattung des Bundes (42) (https://www.rki.de/DE/Content/Gesundheitsmonitoring/Gesundheitsberichterstattung/GBEDownloadsT/gewalt.pdf?__blob=publicationFile, 24.8.2023).

Sanyal, Mithu (2021): *Identitti*. München: Carl Hanser Verlag.

Schlesinger, Arthur M. (2020): *Die Spaltung Amerikas. Überlegungen zu einer multikulturellen Gesellschaft*. Hg. v. Sandra Kostner, Stefan Luft und Elham Manea. Stuttgart: ibidem Verlag.

Schulz, Daniel (2018): Professorin über Identitäten: »Ostdeutsche sind auch Migranten« (https://taz.de/Professorin-ueber-Identitaeten/!5501987/, 7.12.2023).

Seibt, Gustav (2024): Massendemonstrationen gegen die AfD: Anwesenheit der Bevölkerung. In: *Süddeutsche Zeitung*, 22.1.2024 (https://www.sueddeutsche.de/kultur/afd-demonstrationen-staedte-volk-bevoelkerung-1.6336618?reduced=true, 30.1.2024).

*Spiegel, Der* (2023): Äußerungen über Grünenministerin Touré: CDU-Politikerin Prien reagiert auf Rassismusvorwürfe. 8.6.2023 (https://www.spiegel.de/politik/deutschland/karin-prien-cdu-politikerin-reagiert-nach-aeusserungen-ueber-gruenen-ministerin-aminata-toure-auf-kritik-a-7c63d47a-3a30-47bd-b70a-5cd33592ac24, 1.8.2023).

Stephanowitz, Johann; dpa; AFP (2021): Antisemitismus: Heiko Maas kritisiert mutmaßliche Anfeindungen gegen Gil Ofarim. In: *Die Zeit*, 6.10.2021 (https://www.zeit.de/gesellschaft/zeitgeschehen/2021-10/antisemitismus-gil-ofarim-leipzig-westin-hotel-davidstern-heiko-maas-rede, 1.8.2023).

*Süddeutsche Zeitung* (2023): Bayern: Pari zwischen Frauen und Männern bei Hochschulabschlüssen. 2.8.2023 (https://www.sueddeutsche.de/bayern/bayern-uni-abschluesse-frauen-1.6090011, 26.8.2023).

Talkshow 3nach9 (1998): Zaimoglu vs. Simonis. Video1 (https://www.youtube.com/watch?v=wrV7adgbcMc).

Tarde, Gabriel de (2017): *Die Gesetze der Nachahmung*. 2. Auflage. Frankfurt a. M.: Suhrkamp.

*taz* (2020): Berlins Integrationsbeauftragte: »Wir wollen eine verbindliche Quote« (https://taz.de/Berlins-Integrationsbeauftragte/!5726432/, 26.8.2023).

*taz* (2023): Taz Talk. Detlef Pollack im Gespräch: Das unzufriedene Volk. Unter Mitarbeit von Julia Boek (https://taz.de/Detlef-Pollack-im-Gespraech/!171414/).

Teleschau (2023): Nach rassistischem Kommentar: Rap-Legende entschuldigt sich bei Eminem (https://www.msn.com/de-de/unterhaltung/kino/nach-rassistischem-kommentar-rap-legende-entschuldigt-sich-bei-eminem/ar-AA1ffesE?ocid=msedgntp&cvid=a623985888d8436c8217dbd5f921ae86&ei=23, 14.8.2023).

Tezcan, Levent (2022): Die soziologischen Missdeutungen islamistischer Bewegungen der Gegenwart – eine Intervention. In: Monika Wohlrab-Sahr und Levent Tezcan (Hg.): *Islam in Europa. Institutionalisierung und Konflikt*. Baden-Baden: Nomos, S. 445–476 (https://doi.org/10.5771/9783748931607-445).

Tezcan, Levent (2023): Mangelnde Anerkennung? Eine allzu billige Erklärung. In: *Spiegel*, 3. 6. 2023 (https://www.spiegel.de/ausland/erdogan-hochburg-deutschland-warum-mangelnde-anerkennung-eine-allzu-billige-erklaerung-ist-gastbeitrag-a-48c3328a-7bb5-4326-a50c-9080bd604728?sara_ref=re-xx-cp-sh).

Türcke, Christoph (2010): *Erregte Gesellschaft. Philosophie der Sensation*. 2., durchges. Aufl. München: C. H. Beck (http://www.socialnet.de/rezensionen/isbn.php?isbn=978-3-406-49521-2).

Türcke, Christoph (2021): *Quote, Rasse, Gender(n). Demokratisierung auf Abwegen*. Springe: zu Klampen (https://ebookcentral.proquest.com/lib/kxp/detail.action?docID=6686933).

Unabhängiger Expertenkreis Muslimfeindlichkeit (2023): *Muslimfeindlichkeit – Eine deutsche Bilanz 2023*. Unter Mitarbeit von Unabhängiger Expertenkreis Muslimfeindlichkeit.

Vogl, Joseph (2021): *Kapital und Ressentiment*. München: C. H.Beck.

Weber, Max (1985): *Wirtschaft und Gesellschaft. Grundriss der verstehenden Soziologie*. 5., rev. Aufl., Studienausg. Tübingen: Mohr Siebeck.

Weber, Max (2010): *Politik als Beruf*. 11., Aufl. Berlin: Duncker & Humblot.

Wehner, Markus; Lohse, Eckart (2016): Gauland beleidigt Boateng. In: *Frankfurter Allgemeine Zeitung*, 29. 5. 2016 (https://www.faz.net/aktuell/politik/inland/afd-vize-gauland-beleidigt-jerome-boateng-14257743.html, 9. 9. 2022).

Wiemann, Rieke (2021): Antisemitismus-Vorwurf gegen Hotel: Wegen Davidstern abgewiesen? (https://taz.de/Antisemitismus-Vorwurf-gegen-Hotel/!5806635/, 1. 8. 2023).

ZDF Heute (2023): Sendung vom 29. 5. 2023 (https://www.zdf.de/nachrichten/heute-19-uhr/heute-19-uhr-vom-29-mai-2023-100.html).

ZDF Heute (2023): »Antisemitismus-Behauptung: Gil Ofarim legt Geständnis ab«. Sendung vom 28. 11. 2023 (https://www.zdf.de/nachrichten/panorama/prominente/gil-ofarim-gestaendnis-entschuldigung-antisemitismus-100.html).